やってみよう！ はじめてのCSR活動

小さな会社は地域貢献で業績を伸ばす

奥原利樹
OKUHARA TOSHIKI

幻冬舎MC

小さな会社は地域貢献で業績を伸ばす

やってみよう！　はじめてのＣＳＲ活動

はじめに

世界中で環境意識が高まり、持続可能な社会への貢献が求められる昨今、企業もまた利益追求だけでなく社会的・環境的責任を果たさねばなりません。そこでより重視されるようになったのが、ＣＳＲ（企業の社会的責任）です。

ＣＳＲとは、法令の遵守や環境への配慮の実践など、企業が社会に対して果たすべき責任であり、従業員や取引先、地域社会にまで幅広く適用されます。欧米ではすでにＣＳＲがビジネス戦略の重要な要素として位置づけられています。

日本でも大企業ではＣＳＲを意識した積極的な取り組みが見られるようになっていますが、国内全体で見ると、まだまだ普及しているとはいえません。ジェトロ（日本貿易振興機構）が実施した「２０１７年度日本企業の海外事業展開に関するアンケート調査」において、企業にＣＳＲに関する方針の有無を尋ねたところ、大企業では

77・2％が方針を有していたのに対し、中小企業では24・1％となっています。全企業のうち99％以上を占める中小企業において、ＣＳＲに対する具体的な方針をもっていないところがまだまだ多いのです。

実際にＣＳＲという言葉に対し、「大企業がやるべきことで、自分には縁遠いもの」と考えている中小企業経営者はたくさんいると感じます。

私は、埼玉県で従業員50人ほどの歯科医院を営む経営者で、当然ながら大規模な活動や寄付などはできません。ＣＳＲ活動への入り口となったのは、休日に歯科医院の駐車場を障がい者施設に無償開放し、福祉マーケットを始めたことでした。

それが思いのほか好評で、福祉事業従事者や地域住民の要望に後押しされる形で回を重ね、第10回となった今では行政の協力も得て、公園を貸切にして行うほどの規模のイベントへと成長しました。地元の個人店から大手企業まで、多種多様な会社が参加してくれ、経営者同士や、行政、金融機関まで横のつながりが生まれました。そしてそこから、子ども食堂をはじめとした新たなプロジェクトも創出され、活動の輪は大きく広がっています。この活動を通じ、埼玉県より「令和5年度ＳＡＩＴＡＭＡ社会貢献賞」を授与されたことは光栄の至りです。

できる範囲で気軽に始めたＣＳＲ活動が、さまざまな人の協力のもとで、地域社会に貢献する規模のイベントへと成長していく――これこそがまさに地域に根差した中小企業がＣＳＲ活動を行う意義であり、醍醐味であると感じます。

会社として行うＣＳＲ活動は、ただの慈善事業ではないのです。

賛同の輪が広がれば、地域に自社のファンも増え、自然と売上も伸びるはずです。人々からの感謝は従業員のモチベーションにつながります。これまで付き合いのなかった異業種との接点からイノベーションも生まれ、ビジネスの新たな可能性が広がります。私はむしろ中小企業こそＣＳＲ活動に取り組むべきであると考えています。

昔から言われるように、会社を長く続けていくには「売り手によし、買い手によし、世間によし」という三方よしの実現が必須です。その一つの解こそが、ＣＳＲ活動なのです。

ＣＳＲ活動といってもなにも社会に改革を促すような大それた活動だけを指すわけではありません。中小企業であっても自社で取り組める領域や分野は必ずあります。無理なくできる範囲でＣＳＲと向き合うだけでも、十分に経営へのインパクトがもたらされるはずです。

本書では、中小企業だからこそ取り組むべきＣＳＲ活動について示すとともに、それを本業の発展につなげていくポイントを、できる限り分かりやすくまとめたつもりです。これまでＣＳＲ活動について興味をもって調べたり、勉強したりしても、専門用語やカタカナばかりでまったく頭に入ってこなかった人もいるかもしれませんが、誰もが未経験からスタートしていますし、分からない箇所は飛ばして、自分が理解できるところを読むだけでも十分です。たとえ小さくても、まずは「はじめの一歩」を踏み出すこと。それこそがすべてなのです。本書が会社経営における新たなヒントとなったなら、著者冥利に尽きます。

目次

第2章 なぜ小さな会社は地域貢献すると業績が伸びる？ ～CSR活動のメリット～

第3章 人材活用、節電、環境整備……社内で取り組むCSR活動

第4章 地域交流、文化支援、福祉活動……社外で取り組むCSR活動

第1章

経営者の常識!? いまさら聞けないCSR活動 ～CSR活動の基本～

ＣＳＲが大事だというけれど……

ＣＳＲという単語は聞いたことがあっても、その意味をしっかりと把握し、企業になぜ必要なのか、具体的にはどんな活動を指すのかまで理解している人はまだまだ少ないように感じます。

ＣＳＲは、「Corporate Social Responsibility」の頭文字をとったものであり、日本では「企業の社会的責任」と訳されます。では社会的責任とは何なのか、端的に表すなら、従業員、顧客、取引先、投資家、地域社会など、自社に関わるあらゆる人々（ステークホルダー）に対する責任です。それをしっかり果たしながら活動を行うことではじめて企業は社会から信頼され、さまざまなステークホルダーと良好な関係を築き、結果として持続的に成長を遂げていきます。

近年では、ＣＳＲと混同しやすいＳＤＧｓ（Sustainable Development Goals）や

CSR SDGs ESGのそれぞれの定義

❶ CSR＝企業の社会的責任（Corporate Social Responsibility）
▶事業の強みを活かし、ステークホルダーを中心に社会的責任を果たす

❷ SDGs＝持続可能な開発目標（Sustainable Development Goals）
▶持続可能な社会実現に向けて達成しなければならない目標

❸ ESG＝環境・社会・ガバナンスという企業分析観点
（Environment Social Governance）
▶企業の長期的な成長に影響する非財務的指標

ESG（Environment Social Governance）といった単語も広まっています。

CSRを中小企業の経営に取り入れるなら、まずは最低限の知識や現在のトレンドを知る必要があります。

そもそも一介の歯科医師である私がなぜCSR活動を始めたのかというと、きっかけとなったのはコロナ禍でした。

当時は、SDGsという言葉をなんとなく聞いたことがあったくらいで、CSRという概念があることすら知りませんでした。

おそらく中小企業の経営者のなかには、その頃の私と同じ状況の人が多いと

思います。時代の荒波にもまれ、常に難しいかじ取りを求められる中小企業経営――目の前に迫る大波を乗り越えるだけで精いっぱいで、社会のため、地球環境のために何かしたほうがいいのは分かっているけれど、時間も、人的・資金的な余裕もなく、行動を起こせずにいる経営者は多いでしょう。実際に私もその一人でした。

一介の歯科医師が、CSR活動に目覚めたわけ

私の場合、コロナ禍で会合など人と会う機会が一気に減り、時間ができたタイミングで、ずっと気になっていたSDGsについて調べていくなかで出会ったのが、CSRという言葉でした。それまでまったく知らなかった単語でしたが、経営者である自分がまず学ぶべきはこれだろうと感じました。

インターネットでCSRについて検索し、手当たり次第に記事などを読んでいくなかで、私の意識に引っかかったのが、障がい者雇用に関する項目でした。

もともと私は、研修医時代に大学病院の「障がい者歯科治療室」に配属されたのが

きっかけで、自閉症や知的障がいのある患者さんの治療に携わってきました。自院を開業後も、認知症や精神障がいなどがあり、なかなかほかの医院では診てもらいにくい患者さんの診察を積極的に行っています。

医師としてそうした活動を続けるなかで、経営者としても彼らの自立のために自分が何かやれることはないか考え、就労支援施設を通じて障がい者の方々に病院のお掃除をお願いしていました。

はじめは社会的責任などまったく考えずに、これまで関わってきた領域で少しでも役に立てたらいいという気持ちだけでやっていたのですが、ＣＳＲについてさらに調べていくなかで、障がい者雇用の現状や課題を知り愕然《がくぜん》としたのです。

私が見た厚生労働省の調査では、２０１８年度の１カ月の平均工賃（賃金）として、就労継続支援A型事業所が月額７万６８８７円、B型事務所が1万６１１８円となっていました。

この金額だけでは到底、生きていけないというのは誰が見ても分かると思います。

障がい者の方々は、両親と同居して普段の生活のサポートを受けているケースが多いですが、もし親が亡くなったらどうやって生活すればいいのでしょう。実際に私の医院で歯科治療を受けている精神疾患をもった障がい者の方々のほとんどは生活保護を受けていました。そうしなければ生きていけないからです。

このような課題を通じ、改めて企業が障がい者雇用を行うべき理由についてはっきりと理解したとたんに、ＣＳＲは私にとってひとごとではなくなりました。

ずっと障がい者の方々と関わってきた、自分にも何かできることがあるはずだ――そこで本格的にＣＳＲ検定の勉強を始めました。

最初は、エンゲージメント、ステークホルダー、ダイバーシティなど見知らぬ単語のオンパレードで何度もめげそうになりました。それでもなんとか続け、知識が増えていくと、次第に勉強が楽しくなり、「これを医院に応用するとこんなことができそうだ」など、一人の経営者として、わくわくするようになりました。ＣＳＲ活動を実践すれば自然とＳＤＧｓにも貢献できると分かったのも収穫でした。そこからどんどんＣＳＲ活動にのめり込んでいくことになります。

私のCSR活動の始まりは、作業所や福祉施設で作られたパンの販売を医院で始めたことでした。コロナ禍によって地域の就労継続支援事業所や福祉施設が閉鎖し、障がい者の方々が働く場や機会を失ってしまっていたため、支援したいと考えたのです。この取り組みがのちの福祉マーケットへとつながっていくことになります。

CSR活動を知るまでの私は、社会に対する活動といえば寄付やボランティアしか知らず、そうした慈善活動は個人的にどこか上から目線のイメージがあって、積極的には行ってきませんでした。企業の社会的責任＝社会貢献としか考えず、それよりも経営者として自分の医院の利益やスタッフの幸せに目を向けていたように思います。

私を含む多くの中小企業の経営者は、たとえ関心があっても、寄付やボランティアに意識を向けるような余裕は、資本的にも精神的にもほとんどないのが現状だと思います。しかし社会と企業がともに利益を得るのがCSR活動であり、社会的責任を果たすことが本業をも成長させていくのです。

このことを理解してから、私の経営者としての視野は一気に広がったように思います。

あらゆる企業に求められるＣＳＲとは

以前は、ＣＳＲといえば主に法令遵守や社会貢献を示すものであり、私もそんな印象をもっていました。しかしそこから徐々に領域が広がってきたようです。

現代においては法令だけではなく社会の良識や常識といった社会規範も遵守し、また本業を通じた社会的課題の解決を企業価値の創造につなげていくのも、ＣＳＲであると解釈されています。

それに従うなら、ＣＳＲとは企業経営の中核に位置づけられる課題であり、さらなる成長を遂げるための中長期的な戦略であると定義できそうです。

なお、世界におけるＣＳＲの定義は、ＥＵ（欧州連合）の政策執行機関である欧州委員会が２０１１年10月に発表した「ＣＳＲに関する欧州連合新戦略」の中で、「企業の社会への影響に対する責任」として述べられており、一つの目安となるものです。

より具体的には「株主、広くはそのほかのステークホルダーと社会の間での共通価

CSR（企業の社会的責任）

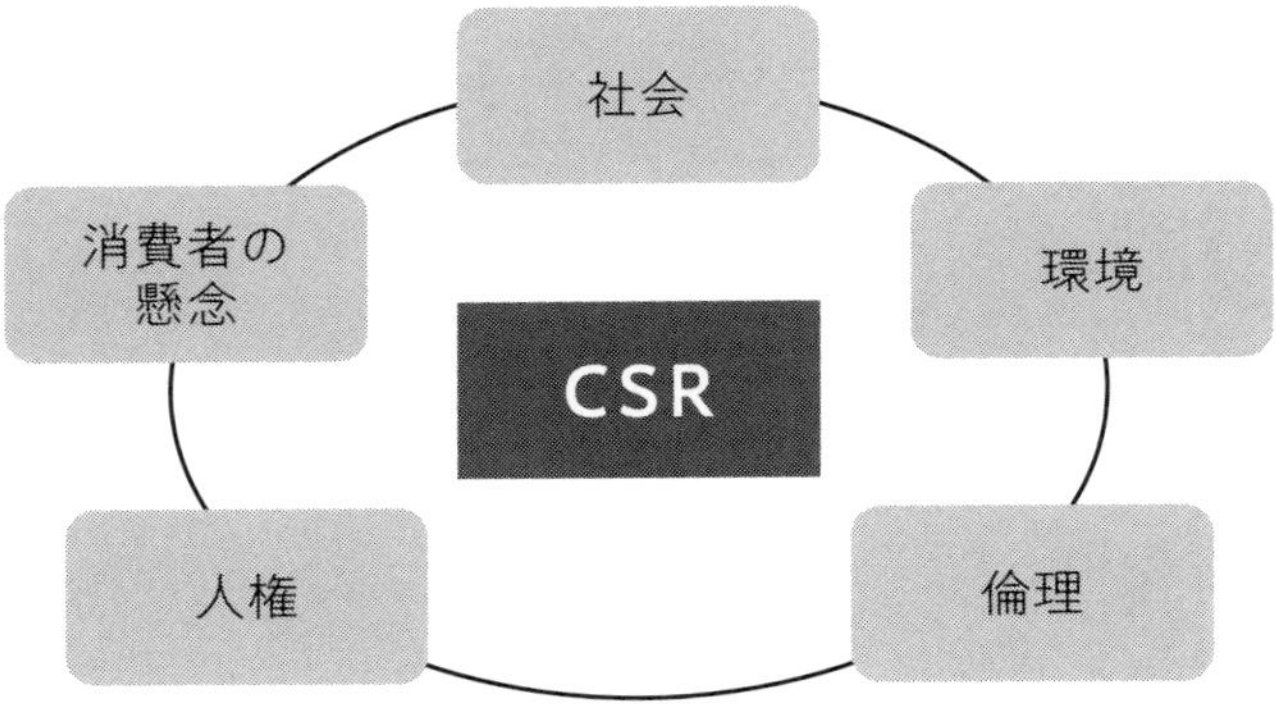

値の創造の最大化」と、「企業の潜在的悪影響の特定、防止、軽減」の２つを推進し、法令遵守や労働協約の尊重を前提に「社会」「環境」「倫理」「人権」「消費者の懸念」を企業活動の中核戦略として統合するとしています。

もう一つ私の興味を引いたのがＩＳＯ（国際標準化機構）の定義です。

具体的には、２０１０年に発行された、組織の社会的責任に関する国際規格「ＩＳＯ２６０００」において、社会的責任についての定義があります。

この規格は２００１年から検討が始まったといいます。当時、ＣＳＲの重要性が世界で高まり、多種多様な行動規範やガイドラインが作られていましたが、企業活動のグローバル化が進むなか、国際的な統一基準が必要となり、ＩＳＯが検討に着手したという経緯があります。

組織が効果的に社会的責任を果たすための手引書――それがＩＳＯ２６０００の役割です。利用対象者も企業には限定されておらず、ＮＧＯや労働組合、消費者団体といったあらゆる組織に及びます。そのためあえてＣＳＲからＣ（企業）を外し、ＳＲすなわち「社会的責任」のみをうたっています。

ＩＳＯ２６０００では、社会的責任は次のような内容で定義されています。

組織の決定および活動が社会および環境に及ぼす影響に対して、次のような透明かつ倫理的な行動を通じて組織が担う責任

・健康および社会の繁栄を含む持続可能な発展への貢献
・ステークホルダーの期待への配慮

・関連法令の遵守および国際行動規範の尊重
・組織全体に統合され、組織の関係の中で実践される行動

日本においては、従来のようにCSRイコール社会貢献ととらえ、寄付やボランティア活動などを行えばいいと考える人がまだまだ多くいます。私もかつては、そうでした。しかしこれらの定義が示すように、実際には社会貢献はあくまでCSRの一部にすぎず、その本質はより深いところにあります。

CSRとは、あらゆる企業の根本的な在り方を問うものといえます。

日本のCSRの原点は、「三方よし」

CSRという英語を聞けば、海外からきた概念であり、日本での歴史はさほど長くないように思えるかもしれません。

確かにCSRという言葉が広まり始めたのは2000年代に入ってからですが、実

はそれ以前から日本には、近しい考え方がありました。

それが、「売り手によし、買い手によし、世間によし」という「三方よし」の精神です。

商売において売り手と買い手が満足するのは当然で、社会に貢献できてこそ良い商売といえる――そんな哲学のもと、江戸時代中期に全国に商いを広げていたのが近江商人であり、明治時代まで300年以上にわたって商売を繁盛させました。

近江商人の一部は、大企業のルーツともなっています。例えば彦根藩を拠点とした伊藤忠兵衛は伊藤忠商事と丸紅の創業者であり、滋賀県高島市の商人が立ち上げた高島屋飯田呉服店は高島屋となりました。その他、日本生命保険や東洋紡なども近江商人が原点で、まさに日本のビジネスの礎をつくった存在といえます。

自らの利益のみを追求することをよしとせず、社会の幸せを願う近江商人の経営哲学は、現在も多くの企業の経営理念の根幹となっています。

現に伊藤忠商事では、創業の精神に原点回帰すべく、2020年にグループの経営理念を三方よしに改めています。

CSRの原点「三方よし」

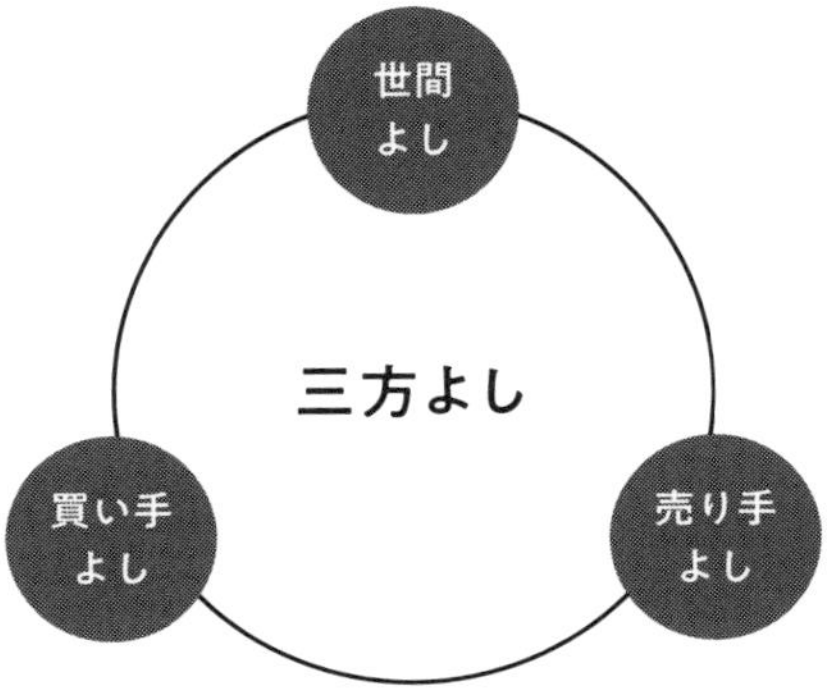

このように日本では、すでに江戸時代から現代のCSRにつながる発想で商いが行われてきたのです。したがって日本人にとってCSRという概念の一端はなじみのあるものですから、国際的に見ても親和性が高いのではないかと私は考えています。

日本におけるCSRの発展と定着の歴史

なお世界でCSRという概念が認知され始めたのは1950年代といわれますが、日本でも1956年の時点で、経済同友会が「経営者の社会的責任の自覚と実践」という決議を行っています。しかし、当時の日本における企業活動の全体像としては、まだ経済復興や成長が最優先課題であり、CSRが広く浸透していたわけではありません。

その後、1960年代から1970年代にかけて、日本は急速な経済成長を遂げると同時に公害や労働問題などが表面化していきます。四日市ぜんそくや水俣病などの公害事件は社会的な問題となり、企業の環境保護への取り組みを促進する契機となりました。これが日本におけるCSR意識の萌芽ともいえます。

1990年代に入りバブル経済が崩壊し、企業の信頼が低下するなかでCSRの必要性は再認識されるようになります。特に、環境問題や人権問題に対する企業の対応が重要視され、グローバル市場での競争力を維持するためにも、ＣＳＲが取り入れられるようになり、２０００年代に入る頃には、企業戦略の一環として定着していきました。そうした背景から、２００３年にはリコー、ソニー、帝人といった大企業でＣＳＲの専任部署が設立され、日本にＣＳＲという概念を根付かせていくきっかけとなりました。したがって２００３年は日本のＣＳＲ元年ともいわれます。

ＣＳＲの指針となり得る、ＳＤＧｓの17の目標

このように日本の企業は、昔から社会的責任との向き合い方を模索してきましたが、その風向きが大きく変わったのが、２０１５年です。

９月に国連サミットでＳＤＧｓ（持続可能な開発目標）が採択され、世界は持続可能な社会の実現に向けて動きだしました。

さらに各国が気候変動問題に積極的に取り組むべく「パリ協定」が採択されるなど、

SDGs 17の目標

出典：国際連合広報センター

いくつかの重要な出来事が起きました。

それらに共通する考えがサステナビリティ（持続可能性）であり、CSRの具体的な在り方にも大きな影響を与えました。

特にSDGsは、現代のCSR活動と深く関わる概念なので改めて解説します。

SDGsは、2030年までに達成すべき17の目標と169のターゲットから構成される国際的な枠組みです。

これらは、CSRの取り組みとも密接に関係します。

例えばCSRとして環境保護活動を行えば、SDGsの「気候変動に具体的な対策を」や、「海の豊かさを守ろう」「陸の豊かさも守ろう」といった項目に貢献することができるはずです。

逆にいうと、企業はSDGsをCSR活動にあたっての指針として活用することができます。またCSR活動をSDGsと紐づけることで、企業はステークホルダーに対し持続可能な社会の実現に向けた取り組みとして自社の活動を紹介できます。世界的にもSDGsの達成に貢献する企業は社会的評価が高まりますから、最終的にはブランド価値の向上につながっていきます。

SDGsの策定を受け、日本政府が内閣官房にSDGs推進本部を設置したのは、2016年のことでした。その後2017年には、日本経済団体連合会もSDGsの達成を柱として企業行動憲章を改定し、経済界もまたSDGsをもとに動き始めました。

その一連の流れのなかで、急速に拡大していったのが「サステナブル投資」です。これは従来の財務リターンだけでなく、投資が社会や環境に与える影響を重視し、投資先の選定にもSDGsを積極的に行っている企業を評価することで、持続可能な社会の実現を目指すものです。

そして、そのうち特に環境（Environment）、社会（Social）、企業統治（Governance）の三要素を評価し、それらが財務パフォーマンスに与える影響を考慮しながら投資を行うアプローチを、ESG投資といいます。

このような投資スタイルが広まり、根付きつつあることで、経済界はより一層、SDGsの達成に力を入れ、日本でも大企業を中心にそうしたCSR活動が行われるようになっています。

大企業だけではなく、中小企業が融資を受ける際にもサステナブル投資やESG投資といったアプローチが取り入れられる可能性も十分にあるでしょう。

ISO26000から学ぶ、CSRの本質

こうして世界的にサステナビリティへの取り組みが広がり、CSRもまたその方向に進んでいるなかで、私たちのような中小企業はCSR活動をどのように実践していけばいいのでしょう。

ＣＳＲ活動には、数学の問題のような特定の正解はありません。その正しい実践方法は企業ごとに千差万別といえ、自社にフィットする形を模索していく必要があります。その際の一つの目安となるのがＩＳＯ２６０００です。

そこにはＣＳＲの本質的な特徴として、おおむね次のような内容が書かれています。

企業が社会および環境に対する配慮を自らの意思決定に組み込み、自らの意思決定と事業活動が社会および環境に及ぼす影響に対して説明し責任を負うこと。企業がマイナスの影響を抑え、プラスの影響を大きくすることにより、持続可能な発展が行える。社会全体と地球環境の持続可能な発展には、経済、社会、環境の３つの側面があり、これらは互いに依存することから、ＣＳＲは持続可能な発展と密に結び付いている。

そのうえで、組織が社会的責任を果たすための具体的な実践内容として、次の「７つの原則」が挙げられています。

【7つの原則】

1．説明責任（Accountability）

企業や組織は、自らの行動に対して責任を負い、その影響について説明する義務があります。適切な情報開示と透明性の確保が求められます。

2．透明性（Transparency）

企業の意思決定プロセスや活動についての情報をオープンにし、ステークホルダーに対して透明性を保つことが重要です。情報開示の内容は正確で信頼性があることが求められます。

3．倫理的行動（Ethical Behavior）

法令遵守はもちろんのこと、誠実さ、公正さ、正直さに基づいた行動が求められます。倫理的行動は、企業の信頼性を高め、ステークホルダーとの良好な関係を築く基盤となります。

4．ステークホルダーの利害の尊重（Respect for Stakeholder Interests）

企業活動の影響下にあるすべてのステークホルダーの意見や権利を尊重することが求められます。ステークホルダーには従業員、顧客、地域社会、環境などが含まれます。

5．法の支配の尊重（Respect for the Rule of Law）

企業は、すべての活動において法令を遵守することが基本となります。法的枠組みに基づいた行動が、企業の社会的責任の基盤を形成します。

6．国際行動規範の尊重（Respect for International Norms of Behavior）

企業は、国際的に認められた行動規範や原則を尊重し、超国境的な活動においてもこれらを遵守します。例として、国際労働機関の基準や国際連合の人権原則があります。

7．人権の尊重（Respect for Human Rights）

企業は、すべての人の基本的人権を尊重し、侵害しないように努める必要があります。また人権に関する問題が起きた際の適切な対応も求められます。

この原則に従うことで企業は信頼性を高め、長期的に成長していけるというのがＩＳＯ２６０００の考え方であり、私も共感するところです。

ＣＳＲ活動実践のための7ステップ

では実際にＣＳＲ活動をどのように実践すればいいか、その具体的なやり方は、まさに企業の数だけあるといっても過言ではありません。自社が取り組みやすいものや、コストをかけずに行えるものからスタートすればよいと思います。

ただ、どんな活動であっても、それを継続していくためには、それなりの計画性が求められます。また、活動を重ねるなかで必ず改善点が出てくるはずで、それを修正しながら進んでいくことになります。

ここで一例として、中小企業がＣＳＲ活動を始める際のステップを挙げておきます。

ＳＴＥＰ　１　現状分析と目的の明確化

まずは自社の現状を分析し、ＣＳＲ活動を通じて達成したい目標を明確にします。自社の事業内容や強み、企業理念やビジョンと、活動の領域はできるだけ近いほうがいいでしょう。またステークホルダーのニーズを最優先に考えます。

ＳＴＥＰ　２　CSR活動のテーマ設定

これから取り組むべきＣＳＲ活動のテーマを決定します。テーマはそれが自社のビジネスと関連性があり、かつ社会に貢献できるものが望ましいです。

ＳＴＥＰ　３　具体的な計画作成

設定したテーマに基づき、具体的な活動計画を立てます。この段階では、目標とする成果、活動内容、必要なリソース（人材、予算、時間）などを詳細に検討します。

STEP 4　組織内の理解と協力

ＣＳＲ活動を成功させるためには、社内の理解と協力が不可欠です。全従業員に対してＣＳＲの意義や具体的な取り組み内容を説明し、協力を得るための教育や研修を実施します。

STEP 5　実施とモニタリング

計画に基づいてＣＳＲ活動を実施します。活動の進捗状況や効果を定期的にモニタリングし、必要に応じて改善を行います。

STEP 6　結果の報告とフィードバック

ＣＳＲ活動の成果をまとめ、ステークホルダーに報告します。また、フィードバックを受けて次の活動に反映させることも重要です。報告書やＷＥＢサイトを通じて広く公開することで、企業の信頼性を高めることができます。

ＳＴＥＰ　７　継続的な改善

ＣＳＲ活動は一度実施して終わりではなく、継続的な改善が求められます。活動の評価を行い、次回の計画に反映させるというＰＤＣＡサイクル（計画・実行・評価・改善）を回していくことで、より効果的なＣＳＲ活動を実現します。

CSR活動実践のための7ステップ

ＣＳＲ活動の実践にあたっては、多様なステークホルダーとよりよい関係を築くことが欠かせません。

時に大企業をも揺るがす、外部ステークホルダー

ＣＳＲ活動のステークホルダーとは、企業の活動に直接的または間接的に影響を受ける、あるいは企業の活動に影響を与えるすべての個人や団体を指します。企業の持続可能な経営を支える重要な存在であり、ＣＳＲ活動を成功させるためにはこれらのステークホルダーの期待やニーズを理解し、適切に対応することが必要です。

なおステークホルダーは、大きくは社内、社外の2つに分けられます。

ここで具体的に、代表的なステークホルダーを挙げておきます。

［内部ステークホルダー］

従業員、経営陣、株主・投資家など

［外部ステークホルダー］

顧客、取引先、地域社会、政府、NGO・NPO、メディアなど

CSR活動を通じ、こうした相手と信頼関係を築くことが企業の持続的成長を支え、社会的な信頼にもつながっていきます。また、ステークホルダーの監視と協力によって、組織が法令を遵守し、社会的責任を果たしていくことができます。

株主や政府といった相手は、大企業でないとなかなか関わりがないかもしれませんが、中小企業であっても、従業員、顧客、地域社会や取引先など重要なステークホルダーがたくさんいると思います。

CSR活動においては、さまざまなステークホルダーの声を聞き、活かしていく姿勢をもつことが大切です。例えばCSRにおいて自社が優先的に取り組むべき課題を

決める際にも、経営陣だけで進めるのではなく、従業員、顧客、取引先、地域社会など幅広いステークホルダーの声を聞き、それらの期待を考慮したうえで決定するのが理想的です。

なぜステークホルダーの声に耳を傾けるべきなのでしょうか。その教訓となる過去の事例はいくつもあります。

一つの転機となったとされるのが、世界有数の大規模石油会社であるシェル社（旧ロイヤル・ダッチ・シェル）の事例です。

１９９３年、ナイジェリアの少数部族が、地域の環境汚染や部族に対する不当な扱いの抗議活動を始め軍事政府と対立、１９９５年にはそれに関わった人権・環境活動家らが拘束され、処刑される事態となります。

そして当時、ナイジェリアに大きな石油利権をもつシェル社が救済のための行動をとらず、結果として軍事政権に加担したとされ、グリーンピースなどのＮＧＯによる抗議キャンペーンが行われました。

それに続き１９９５年には、自社が所有していた北海油田の大型石油採掘施設、ブレントスパーの処分を巡ったトラブルが起きます。１９７６年に建設されたこの施設は、１９９１年に廃止となって処分が検討されていました。

シェル社ではいくつかの調査のあと、コストが低くかつ環境への負荷も少ない方法として深海への投棄を決め、イギリス政府の許可申請および北海湾岸諸国への計画の通知を行ったうえで、海洋投棄計画を進めていきます。

シェル社に対し、グリーンピースは北海への投棄に反対するキャンペーンを開始したことでシェル社のガソリンの不買運動へと発展していきました。それはシェル社のグローバルな企業活動に大きな打撃を与え、結果として海洋投棄計画を断念する事態に追い込まれたのでした。

この「ブレントスパー事件」は、ＮＧＯと企業との関係の変化を象徴する事件としてよく取り上げられるようになりました。すなわちＮＧＯというステークホルダーの活動が国際政治に影響を与え、大企業の経営に打撃を与えるほどのパワーをもつようになったのです。

なおシェル社は、今後は人権や環境への配慮が求められるとして、世界人権宣言への支持表明や行動指針への取り込み、環境・社会・経済のいずれにも偏ることなく、持続可能な成長を図るといった新たな経営路線を打ち出し、変革に取り組んでいくことになります。

こうして世界有数の大企業すらＮＧＯのもつ影響力に左右されるのですから、中小企業ならなおさらです。

シェル社の例はすべての企業が教訓とすべきものですが、逆にいうなら、各ステークホルダーとの関係性がよりよくなれば、それはどんな事業であっても大きなプラスとなります。

ステークホルダーと双方向でのコミュニケーションがとれるようになると、商品やサービスに対する有益なフィードバックが得られたり、組織としての改善点が浮かび上がってきたりと、数多くのメリットがあります。

そうしてステークホルダーと積極的に関わりを深めることを「ステークホルダーエンゲージメント」と呼び、ＣＳＲの取り組みを進めるうえでもキーポイントとされています。

具体的な例を挙げるなら、定期的な従業員への満足度調査や、ミーティングを通じた意見収集などを行い、職場環境の改善に役立てることは、従業員エンゲージメントといえます。顧客アンケートやフィードバックフォームを活用して、製品やサービスに対する意見を収集し、品質向上や新製品開発に反映させるのは、顧客エンゲージメントにあたります。

地域住民との対話を通じて、企業の事業活動が地域に与える影響を理解し、地域社会の発展に貢献する活動を実施するなら、地域社会エンゲージメントです。定期的な投資家説明会や財務報告書の発行を通じて、企業の経営状況やＣＳＲ活動について透明性のある情報提供を行うのは投資家エンゲージメントといえます。

ＣＳＲ活動に取り組むうえでも、社会的責任を果たすには、何を目的に、どのステークホルダーとどういったコミュニケーションやエンゲージメントを行えばよいかを、あらかじめしっかりと検討しておくといいと思います。

地域に根ざした顧客エンゲージメントの築き方

ステークホルダーのなかでも特に顧客は、企業と密接に影響し合う重要な存在です。顧客との関わり方、つまり顧客エンゲージメントをいかに築くかは、企業の成功において大きなポイントとなります。特にCSRの文脈で顧客との関係を考える際には、消費者の権利と責任をしっかり理解しておくことが欠かせません。

まず、消費者の権利について見ると、消費者は製品やサービスを購入する際、安全性や公正な取引を受ける権利をもち、正確な情報に基づいて選択することができます。これは「消費者の基本的な権利」として国際的にも定められており、そのなかでも「安全を求める権利」や「情報を知る権利」は特に重要です。消費者が安心して商品やサービスを利用できるよう、企業はこれらの権利を守る責任があります。

例えば、消費者には製品が安全であることが保証されており、健康や生命に危険を及ぼさないことが求められます。また、製品に関する正確な情報を消費者に提供し、選択の自由を確保することも企業の責務です。これにより消費者は、自らのニーズや価値観に合った製品やサービスを選ぶことができ、安心して利用できる環境が整います。

一方で、消費者はただ製品やサービスを受け取るだけの存在ではなく、企業に働き掛けることが求められる側面もあります。それが消費者の責任です。例えば、消費者は自分が購入する製品やサービスが社会や環境にどのような影響を与えるかを考慮し、選択することが必要です。これは「環境意識」や「社会的関心」という責任の一環であり、消費者は自らの行動が地域社会や地球環境に与える影響を理解すべきです。

また、消費者は不正確な情報や劣悪な製品に対して意見を表明し、適切な対応を求める権利もあります。企業とのコミュニケーションを通じて、消費者は自分の意見を反映させ、社会に対して積極的に働き掛けることが可能です。このように消費者の権利と責任を両立させることで、消費者自身が安全で公正な取引を享受できるだけでなく、企業にも良い影響を与え、地域社会全体の健全な発展につながります。顧客エンゲージメントを築くうえで、企業は消費者の権利を尊重しつつ、その責任を理解し、社会的な課題に取り組む姿勢をもつことが重要です。消費者は企業にとって、単に製品やサービスを提供する対象ではなく、ともに社会をつくり上げていくパートナーでもあります。ＣＳＲ活動を通じて、企業と消費者が協力し合い、社会的な貢献を果たすことが求められるのです。

地域社会に密着した中小企業にとって、最も影響を与えるステークホルダーはやはり「地域」に住む顧客であるといえます。そのため、企業活動の一環としてＣＳＲを意識した顧客エンゲージメントを図ることは、地域での信頼関係を築くうえで大切な要素です。

ＣＳＲは必ずしも大企業が行う大規模な活動である必要はありません。小さな取り組みでも、地域社会や住民に貢献する活動であれば立派なＣＳＲとなり得ます。特に地方の中小企業にとっては、地域とのつながりを深めることこそが企業の成長へとつながるのです。

第 2 章

なぜ小さな会社は
地域貢献すると業績が伸びる？
～CSR活動のメリット～

ＣＳＲ活動によって会社が成長するわけ

中小企業がＣＳＲ活動を志したとしても、多くの場合、大企業のように予算や人材を投入できるわけではなく、活動の領域もおのずと限られたものになります。

実際に背伸びをして大規模な活動を始めても、それで本業が苦しくなってしまっては意味がありませんから、まずはできる範囲で小さくスタートするというのが中小企業におけるＣＳＲ活動の基本であると私は考えています。

では具体的にどのように社会的責任を果たせばよいのか——社内に向けた取り組みについては、中小企業でも実行しやすいと思います。社外においてターゲットとなるのは「地域」です。最も身近にいるステークホルダーである従業員、地域住民や顧客に対して貢献できる方法を考えるのが、第一歩となります。

そうして従業員および地域貢献からＣＳＲ活動を始め、続けていった先には何があるかというと、会社の成長です。ＣＳＲ活動を中長期的に実施することで自然に業績が伸び、会社の経営基盤も安定していきます。

いったいなぜCSR活動によって会社が成長していくのかといえば、その理由はいくつもあります。

経営に好影響を与える最も直接的な要因としては、顧客との信頼関係を構築しやすくなることが挙げられます。例えば環境に優しい製品を提供する企業や、公正な取引を実践する企業は、消費者からの支持を集めやすいです。このような信頼は、顧客のリピート購入や口コミによる新規顧客の獲得に寄与します。

企業によるCSRの取り組みが反映されている商品やサービスに価値を感じて選ぶ行為はエシカル消費やサステナブル消費と呼ばれ、日本でも社会的関心が高まりつつあります。２０２３年度に消費者庁が実施した「第3回消費生活意識調査」によれば、エシカル消費の認知度は29・3％であり、２０１９年度調査の12・2％から着実に増加しています。

世界ではすでに、エシカル消費やサステナブル消費が当たり前の選択肢の一つになりつつあり、今後は日本でもさらに認知度が高まるはずです。

これを企業の側から見るなら、ＣＳＲへの積極的な取り組みが直接的利益につながるということにほかなりません。

またＣＳＲ活動を通じて、企業は顧客とのコミュニケーションを強化することができます。ソーシャルメディアやニュースレターを通じてＣＳＲ活動の進捗を共有することで、顧客は企業の活動に対する理解を深め、ゆくゆくはファンになっていきます。顧客参加型のＣＳＲ活動を実施することも、コミュニケーションを深める効果的な方法です。チャリティーイベントや環境保護活動をともに行うことで、顧客は企業の取り組みに直接関与し、絆が深まり、ロイヤリティが高まるきっかけとなります。

このような活動を続けていけば、結果として自社のファンが増え、製品やサービスを長期的に利用してくれるようになります。それが業績アップや経営の安定化につながるのはいうまでもありません。

もう一つ、ＣＳＲ活動によって期待できるのが、コスト削減です。単純に電気や燃料の消費量を見直すだけでも、コスト削減になります。

脱炭素への貢献を考え、廃棄物をリサイクルする仕組みをつくれば、廃棄物処理費用を減らし、いずれその総額が初期投資を上回ってコスト削減につながります。

製造業なら無駄なエネルギーの使用を控えるべく生産工程の最適化や素材の無駄を削減する取り組みを行えば、原材料費の削減につながり製造コストが下がります。

物流についても、輸送経路の最適化や積載効率の向上、燃費のよい輸送手段の導入などで二酸化炭素の排出量を減らすのと同時に、輸送コストの削減にもなります。

こうしたコスト削減効果は、ＣＳＲ活動を長く続けるほど大きくなっていきますから、中長期的な視野で計画を立てるのが大切です。

中長期で考えるＣＳＲ活動のメリット

中長期という視点から経営におけるＣＳＲ活動のメリットを挙げるなら、市場における競争力がより高まります。

現在のところ日本では、ＣＳＲ活動に積極的に取り組む中小企業の数がそこまで多いとはいえません。それを逆手にとれば、ＣＳＲ活動によってほかの企業との差別化を図りやすい状況であるといえます。

多くの企業が競争する市場において、ＣＳＲ活動は差別化の要素となります。同じ商品やサービスを提供している競合が多い場合、ＣＳＲの一環として環境に優しい製品を作ったり、フェアトレード（公正取引：途上国で作られた農作物や製品などを、適正な価格で継続的に取引すること）に取り組んだりすることが、結果として他社との差別化につながります。

そしてＣＳＲ活動を入り口として、企業は新たな市場への進出を模索することも可能です。例えば自社のＣＳＲの理念に基づき環境に優しいエコフレンドリーな製品の提供を始めたなら、これまではアプローチできていなかった環境意識の高い顧客をターゲットにできるなど、新市場開拓の手段ともなります。

ＣＳＲ活動を通じて得られる認証や評価も、新たな市場への参入を容易にしてくれます。仮に環境認証を取得したなら、それにより環境意識の高い市場や国への参入がスムーズに行えます。

新たな市場を目指すうえでは、ビジネスモデルの構築や新技術の開発などを求められることが多いです。ＣＳＲ活動を通じてそれらを実践するのはすなわち事業にイノベーションを起こすことにほかならず、成功すれば企業の競争力はさらに高まります。ＣＳＲ活動により周囲から得られる評価も、結果として業績に貢献するものです。活動を通じて、企業は地域社会や環境への貢献を示すことができます。

地元のコミュニティ活動への参加、環境保護プログラムの実施、労働環境の改善などは、企業が単なる利益追求だけでなく、社会全体の利益を考えていることをアピールできます。そうして社会的評価が高まると、企業は地域社会や行政、業界団体などからの支持を得やすくなり、ビジネスチャンスが広がります。

例えばＣＳＲ活動が認められて行政から表彰されたり、業界賞や認証を受けたりすれば、メディアから注目される機会も増え、報道を通じ自社のポジティブな活動が広く知られるようになるでしょう。特に、地元の新聞やテレビ、オンラインメディアなどで取り上げられれば、地域社会での知名度が高まります。

多くの中小企業にとって、いかに宣伝広告費を費やさず知名度を上げるかは大きな課題の一つだと思います。ＣＳＲ活動を続けていくと、自然とその名が広まっていく可能性があります。

知名度が高まると、活動に共感する新たな顧客が現れます。顧客は企業が提供する製品やサービスだけでなく、社会に与える影響も重視するようになっており、社会的評価の高い企業の製品やサービスを利用したいと考える人も多くいます。

企業の価値観や倫理観に共鳴する顧客はファン化し、長期にわたるリピート購入が期待できますし、良い口コミを投稿してくれるなどの応援により、さらなる新規顧客の獲得にもつながります。

また、顧客だけではなく、取引先とのコミュニケーションも深まります。CSR活動に積極的であれば、同じくCSRを重視する取引先との関係は自然と強化されていくものです。新たな取引先と距離を縮めたいときにも、CSRという共通言語があれば営業活動の大きな助けになります。

取引先だけではなく、ほかの団体やNPOとも連携する機会が増え、新たなネットワークからビジネスチャンスが生まれる可能性もあります。

これらの要素が組み合わさることで、CSR活動は中小企業の業績アップに貢献し、市場競争力を強化して、持続可能な成長を実現するための切り札となります。

CSR活動が中小企業の人材獲得に大いに貢献

CSR活動は、企業において最も重要なステークホルダーの一人である、従業員にも好影響を与えます。

従業員は、自分たちの仕事が単なる利益追求ではなく社会的意義をもっていると感じると、仕事に対する満足感や自社に対する誇りを抱きやすくなり、モチベーションの向上につながります。

実際に、SDGsの達成を目指す活動、教育に取り組んでいる職場は社員の働く意欲が高いという報告があります。

JTBコミュニケーションデザインが2021年に実施した、約1000人を対象とした調査では、勤め先がSDGsの活動に積極的と答えた人ほど、自社の社員はモチベーションが高いと感じる傾向がありました。

なお社員が自らの勤め先のＳＤＧｓへの取り組みを知る手段を聞いたところ、「社長や経営層からのメッセージ」（24・3％）を挙げる人が最も多かったそうです。組織のトップの在り方次第で、従業員のモチベーションは大きく変わることがよく表れています。

その意味で、ＣＳＲ活動に積極的な従業員には、報酬を与えることも有効です。優れたＣＳＲ活動を行った従業員は表彰されるなど、目に見える評価が得られるならほかの従業員にも良い刺激となるでしょう。

企業側としては、ＣＳＲ活動の一環として、働きやすい環境の整備や労働条件の改善を図るのも重要です。フレックスタイム制の導入やリモートワークの推進などにより、従業員が働きやすい環境を提供することで、従業員のモチベーションはさらに上がります。

また社内向けのＣＳＲ活動には、従業員の健康と福祉を向上させるプログラムの検討が欠かせません。健康診断の実施、メンタルヘルスサポート、ワークライフバランス（仕事とプライベートな生活を調和させること）の推進などにより、従業員が健康で充実した生活を送ることができれば、その分仕事に対する意欲も高まります。

従業員にキャリアアップの機会を提供する取り組みも、CSR活動の一つです。リーダーシップトレーニングやスキルアップのための教育プログラムを実施することで、従業員が自身の成長を感じやすくなります。

このような積み重ねによって従業員の満足度やモチベーションが高まると、組織全体のパフォーマンスの向上につながり、結果として業績が伸びていきます。離職率も下がり、安定した組織運営ができるはずです。

さらに組織を挙げてCSR活動に邁進《まいしん》し、社会的責任を果たしていると、それが人材獲得にも有利に働きます。

就職活動支援サービスを展開するキャリタスが2022年3月に卒業予定の学生を対象に行った調査では、就職先企業を決めた理由として最も多かったのが「社会貢献度が高い」で34・3%でした。これは「給与・待遇が良い」(27・4%)や「福利厚生の充実」(24・0%)など、待遇の良さを求める回答を上回るものであり、4年連続で1位となっています。大企業のような給料や手厚い福利厚生はなかなか用意できない中小企業にとっては、かなりの朗報ではないかと思います。自社の事業と社会貢献を結び付けるものこそがＣＳＲであり、だからこそ積極的に取り組んでいれば中小企業にも優秀な人材がやってくるのです。

ちなみに社会貢献を実感できる仕事に魅力を感じるのは、若者だけではありません。損害保険ジャパンが２０２１年に実施した調査では、就職にあたり社会をよくするのに役立っている企業かどうかを考慮するという回答が、30～40代で６割以上、50代は７割、60代以上は８割近くに達したといいます。

このようなデータからも、ＣＳＲ活動が中小企業の人材獲得に大いに貢献することが分かります。

法令遵守だけではない、現代のコンプライアンス

私がＣＳＲ活動を理解するにあたって知っておいてよかったのが、取り組みの領域です。

『ＣＳＲ検定公式テキスト　２０２１年版』（オルタナ）では、現代におけるＣＳＲの取り組みを次の４つの領域に分けて示しています。

Ａ：広義のコンプライアンス
Ｂ：価値創造型ＣＳＲ
Ｃ：狭義のコンプライアンス
Ｄ：社会貢献

このＣとＤは古くから議論されてきた従来のＣＳＲです。それに対しＡとＢは、これからの時代に求められる、企業が新たな価値を生み出すためのＣＳＲといえます。

またＡとＣ、すなわちコンプライアンスが社会への悪影響を抑えるものであるのに対し、ＢとＤが社会的評価を向上させるものです。

コンプライアンスについては、２つの視点でとらえるといいと思います。

「コンプライアンスといえば、法令遵守」という印象がある人は多いかもしれません。

法令、条例、雇用や納税に関わるルールなど、違反すると法的に処罰される可能性の高いものが、C：狭義のコンプライアンスにあたります。そうして定められた法令を厳格に守るというのは、あらゆる組織にとって重要なことであり、違反を決して起こさない体制づくりが求められます。

ただ、それだけでは十分とはいえません。現代においては、社会的な規範やガイドライン、原則など、法的拘束力こそもたないものの、企業が率先垂範すべき倫理的なコンプライアンスの遵守も重視されます。それがA：広義のコンプライアンスであり、SDGsやISO26000などもここに含まれ、CSR活動にも大きく関わるものです。広義のコンプライアンスを守ることで企業は社会から信頼され、それが持続的な成長へとつながっていきます。

価値創造型CSRとは、事業を通じて社会的課題を解決し、新たな価値を創造するような取り組みです。

なおよく似た概念として「CSV（Creating Shared Value：共通価値の創造）」がありますす。アメリカの経営学者マイケル・ポーターらにより提唱されたコンセプトで、社会的価値と経済的利益を同時に追求し、企業のビジネスモデルの中核に社会的価値の創造を組み込んで事業活動を行います。

ＣＳＶでは、社会的課題や環境問題を起点に自社事業の目標や内容を決めるアウトサイド・イン・アプローチを用い、新たな価値の創造を目指します。これは価値創造型ＣＳＲにも通じるものです。

一方、価値創造型ＣＳＲが社会的課題の解決を通じて企業のブランドイメージを向上させ、結果的に企業の利益にもつながる活動を指すのに対し、ＣＳＶは最初から社会的課題の解決と経済的利益の双方を戦略的に目指すところに多少の違いがあります。

社会貢献については、寄付、ボランティア、プロボノ（仕事で培った専門的なスキル・経験などをボランティアとして提供し社会的課題の解決に成果をもたらすこと）、環境保護活動、教育支援、福祉活動などさまざまな活動があります。

大企業では必ず何らかの社会貢献活動が行われているものですが、中小企業では経済的余裕や人的リソースの関係もあり、なかなか着手できないというのが現状だと思います。しかし、繰り返しになりますが社会貢献イコールＣＳＲではなく、ただ寄付やボランティアを行うのみでは、ＣＳＲ活動が企業にもたらす利益を十分に享受できません。

社会貢献を検討する際にも、価値創造型ＣＳＲの視点をもち、社会と自社の双方がよりよく変わっていくような形を模索するのが大切です。

コンプライアンスが強化され、経営リスクを管理

さらにＣＳＲ活動は、事業における法的リスクの回避にもその力を発揮します。

社会的責任を果たすことの前提となるのが法令遵守であり、ＣＳＲ活動に取り組むなら必然的にコンプライアンスが強化されます。

例えば環境法規制に基づいた廃棄物管理や、労働基準をしっかり守った勤務体制の構築など、法的要件を満たしたうえで事業を続けていくことで、法令違反や訴訟のリスクを低減できます。

組織内においてもコンプライアンス意識が高まります。ＣＳＲ活動をきっかけに倫理的な行動規範や社内ポリシーを整備し、従業員に対する教育やトレーニングを実施すれば、法令遵守の文化が醸成されて、違法行為や不正行為の予防につながります。

環境負荷の高い事業を行ってしまう「環境リスク」や、品質の悪い製品が世に出回り評判が下がるような「社会的リスク」についても、ＣＳＲ活動への取り組みを通じて管理することができるようになります。

こうしたリスクは、一度トラブルへと発展すれば多大な痛手を被り、対応にも莫大《ばくだい》なコストがかかりかねません。それを予防・管理できるというのも、ＣＳＲの大きな意義といえ、持続的な成長のための基盤となるものです。

また、資金調達という面でいっても、ＣＳＲ活動によるリスク管理がものをいいます。中小企業の重要な資金調達先である金融機関や投資家も、リスク管理を含むＣＳＲ活動への取り組みを評価し、資金調達の際には必ずプラスに働くからです。

リスク管理の徹底は、金融機関や投資家が「この企業なら長期的に安定した経営を続けられる」と判断する根拠の一つとなるものです。例えば環境保護に取り組む企業は、将来的に資源の枯渇や規制強化といったリスクを回避しやすく、持続可能性という点で評価が高まるのは必然です。

また、ＣＳＲ活動に取り組む企業は、一般的に財務パフォーマンスも良好であることが多いです。持続可能な経営を目指してコスト削減や効率化が進み、収益性が向上している企業に対し金融機関や投資家が投資を検討するのは自然なことです。

ＣＳＲ活動は、金融機関や投資家とのコミュニケーションの手段ともなります。ＣＳＲについてのレポートの発行や、投資家向け説明会でのＣＳＲ活動の報告などを通じた透明性のある情報提供は、信頼を築くための基盤となるものです。

ＣＳＲ関連のレポートの作成で、より効果を高める

ＣＳＲ活動は、レポートを残して社内外に発信することでさまざまなメリットが得られます。

ＣＳＲの概念に基づいて行われた行動をレポートとしてまとめ、世間に発表するのは大企業では当たり前となっています。そうして社内外のステークホルダーに情報を開示し、信頼関係をより深めているのです。前述のとおり、近年はＣＳＲの取り組みに対する投資家の関心が高まっていることも、レポートを発信する理由の一つといえます。

中小企業においては、レポートを発信することが自社について知ってもらう機会となります。できるだけ多くの人に自社の理念や事業内容について届ける手段の一つとなるものです。

なおＣＳＲ関連のレポートにはいくつかのガイドラインが存在し、多くの大企業は基本的にそれに従う形でレポートを仕上げていきます。例えばＩＳＯ２６０００のガイドラインをもとに作成するなら「ＣＳＲレポート」、国際的ＮＧＯ、ＧＲＩ（Global Reporting Initiative）のガイドラインをもとにすれば「サステナビリティレポート」、環境省のガイドラインなら「環境報告書」を作成することになります。それぞれの特徴を簡単にまとめておきます。

CSRレポート

企業の社会的責任に関する活動と成果を報告する文書。企業が社会に対してどのような責任を果たしているかを示し、ステークホルダーと信頼関係を築くことを主な目的とする。社会的取り組み、労働環境、コンプライアンスの遵守などを総合的にまとめる。

サステナビリティレポート

企業の持続可能な発展に向けた取り組みと成果を包括的に報告する文書。環境、社会、経済の3つの側面から企業の持続可能性を評価する。CSRの内容に加え、経済的パフォーマンスや持続可能性に関する詳細な情報を含む。

環境報告書

特に環境保護活動に焦点を当て、その成果を詳細に報告する文書。再生可能エネルギーの使用量や、温室効果ガスの削減量など、企業の環境パフォーマンスを評価し、環境への影響を最小限に抑える取り組みを報告する。

近年、特によく見られるようになったのがサステナビリティレポートであり、国際的にも信頼性が高く、経済的パフォーマンスを含んだレポートということで株主や投資家からも注目されるものです。

環境、社会、経済を主軸に報告を行うことから、この３つはトリプルボトムラインと呼ばれています。この言葉はもともと会計用語で、財務諸表の損益計算書のいちばん下の行、すなわちボトムラインからきています。最終的な損益を表すこの行に、環境や社会が関わっていることを示す意味でも、うまい呼び名だと思います。

企業のCSR活動が認められるには、トリプルボトムラインすべてに対してプラスの影響をもたらすことが必要であるというのが、サステナビリティレポートの基本的な考え方です。企業である以上、経済性を意識するのは当然として、そこに環境と社会という要素もしっかりと意識し、バランスよくマネジメントしていく――その通知表がサステナビリティレポートといえます。

このようなレポートは、大企業の専売特許ではありません。基本的には中小企業であっても積極的に作成すべきものですが、現在のところこうしたＣＳＲ関連のレポートを発信している中小企業の数は限られています。かくいう私も、いまだ試行錯誤の最中です。

なぜ中小企業に広まらないかというと、最も大きいのは予算と人員の問題だと考えられます。中小企業には、ＣＳＲ専門の人材を雇うような余裕がなかなかありません。ＣＳＲを「業績にはつながらない社会貢献」ととらえているような場合にはなおさら、そこにコストをかけるのに抵抗があるはずです。

また、ガイドラインの内容がどちらかというと大企業向けであり、中小企業ではすべての項目を満たすような活動を行うのは現実的ではないというのも、取り組みが普及しない理由となっていると感じます。

前述のＣＳＲ関連レポートのガイドラインを参考にするというのは、世界基準で情報を発信するためにもある程度は必要です。また、まったくのゼロから作成をスタートするよりは、ガイドラインがあったほうがやりやすいといえます。

ただし、無理にすべてガイドラインに従うことはありません。最も大切なのは自社のステークホルダーの意見にしっかりと応えられるかであり、結果としてオリジナリティのある内容になっても問題ないでしょう。

一方で、レポートは決して外部だけに向けたものではありません。実は社内にも発信することで、大きなメリットが得られます。

従業員がこのレポートの作成に携わり、また目を通していくなかで、ＣＳＲ活動を通じ自社の理念や目指すべき姿、今後手掛けていく事業の内容などが明確になります。自社のステークホルダーについて考えるようにもなり、社内で自分が果たすべき役割も自覚しやすくなります。当事者意識が生まれ、自主的に業務に取り組むようになる結果、生産性の向上が期待できます。

お金をかける必要はない、できるところから始めよう

このようにCSR活動には多くのメリットがあり、会社の成長につながるものです。あらゆる企業が積極的に取り組むべきものであると私は考えています。

ただ、だからといって、CSR活動をすればすぐに業績が跳ね上がるというようなことはほぼありません。最初から短期的な利益を目的とするのは避けたほうがよいです。

社会貢献と事業を重ね合わせて戦略的に利益を上げるのは、CSVの発想であり、CSRとは異なります。CSR活動の目的はあくまで社会や地域の課題に対する貢献にあり、利益は結果としてついてくるものです。

ですから、まずはCSR活動でしっかりと結果を出し、社会から認められることを追求すべきです。それには相応の時間が必要であると考えておいたほうがよく、いきなり大きな投資をして本業に負の影響を与えるほどのめり込む必要はまったくありま

せん。無理をせず、できることからスタートするのが、末長くＣＳＲ活動に取り組んでいくための最重要ポイントといえます。

なお、繰り返しになりますがＣＳＲ活動は単なる寄付や奉仕活動とは違うものです。地域のごみ拾いや草むしりをしたり、イベントに寄付をしたりすること自体はすばらしく、否定するつもりはまったくありませんが、それをＣＳＲ活動と位置づけるのには疑問符がつきます。実際に清掃活動や寄付だけでは、これまで挙げてきたようなメリットを享受するのは難しいと思います。

例えば地域のごみを拾い、草をむしってくれるボランティアがいれば、住民はうれしいと思います。しかし住民たち全体が、何人かで処理できる程度の量のごみや草によって本当に困っているというのは考えづらいです。また地域によっては行政の定期清掃が行われ、中小企業ができる範囲でごみや草を片付けようが片付けまいが、そこまで大きな変化はないかもしれません。

その地域がごみと草で溢れその撤去が切実な課題となっているような場合でもない限りは、ごみ拾いや草むしりが企業に求められる社会的責任と重なるようなことは、ほとんどないと考えてよいと思います。

仮に「地域の清掃」というテーマでＣＳＲ活動を検討するなら、私であれば障がい者の方々に清掃をお願いし、社員とともに町をきれいにしてもらうという方法にします。

前述のとおり就労継続支援事業所の工賃は非常に安く、それだけでは生活ができません。もちろん高額な時給を払えるわけではありませんが、少なくとも一般的なパートタイムの時給を支払えば、それなりに足しになるはずです。

障がい者支援に加え、社員たちが一緒に活動することがダイバーシティ（多様性）の理解につながり、自社で障がい者を雇う際の布石となるのは間違いありません。

そして結果的に、障がい者と従業員がともに清掃活動をしているという珍しい光景が話題となれば、自社の知名度アップにも貢献してくれるでしょう。

それに加えて地域がきれいになるという、いわば一石四鳥の成果が期待できます。

この施策で最も重要な点は、賃金が安い、働く場所が極めて少ない、といった障がい者の方々の切実な課題解決の一助となることです。ストレスが多い昨今では特に精神障がい者の数が増えていますが、そのなかには社会と関わるきっかけさえあれば復帰できるような方も存在します。そうした方への社会との窓口や接点としても機能する可能性があります。

こうして困っている人が何を求めているのか、ニーズが明確になっていることに対して行動を起こすというのがＣＳＲ活動を始めるうえで最も大切であると思います。

なお中小企業のＣＳＲ活動においては、従業員だけではなく社長自身も積極的に参加し、自ら汗をかくことで、その効果をより高められます。

私は福祉イベントの際、事前準備、当日の会場設営、来場者の誘導、撤収まですべてに参加します。イベントの最中も、ギターを弾いたり着ぐるみに入ったりして会場を盛り上げます。せっかくの機会ですから、そうして地域の方々に顔を売るというのも経営者として大切だと考えています。

また長時間、地域の人々とともに過ごすのも、大きな財産となるものです。私の場合は歯科医師という仕事柄、地域の人々はそのまま顧客になり得ますから、信頼を得ることが事業に直結するのは間違いありません。会話の中で地域の人々が困っていることが明らかになれば、新たなＣＳＲ活動のきっかけにもなります。これは私だけではなく、多くの中小企業に当てはまります。たとえ事業がＢtoＢ（企業対企業）であっても、地域との良好な関係を築くことでイメージが良くなり、事業運営がスムーズに進むようになるはずです。取引先としても、その地域で評判のいい企業と悪い企業、どちらと付き合いたいかは考えるまでもありません。

従業員に対しても、社長が地域の人々に尽くし、一生懸命汗をかいている姿を見せるのには意味があります。

普段の業務であれば指示をするのが社長の役割の一つですが、ＣＳＲ活動においては社長と従業員は、同じ組織の一員という平等な立場です。仲間として一緒に活動し、率先して動き、行動で引っ張っていくことで同志のような意識が芽ばえ、従業員たちも次第に積極的にＣＳＲ活動に取り組んでくれるようになります。

そのようにして社長も従業員も一生懸命、地域のために尽くしていると、それを見た人々の評価が上がるのは必然です。義務的に行動するのではなく、イベント事のように楽しく取り組んだほうが、地域の人々との距離も縮まると思います。

第3章

人材活用、節電、環境整備……
社内で取り組むCSR活動

社内向けCSR活動として、何ができるか

ＣＳＲ活動を実践するにあたっては、大きく社内向け、社外向けという2つの方向性があります。これらは完全に分離しているわけではなく、地域に向けた活動が従業員のやりがいにもつながるなど、リンクしてメリットが得られることも多いです。

中小企業で行うべき社内に向けたＣＳＲ活動としては、例えば次のようなものがあります。

○従業員の健康の促進
○ワークライフバランスの支援
○従業員のキャリア開発
○職場環境の改善
○多様性とインクルージョン（個々の従業員の個性が尊重され、能力を発揮し活躍で

きている状態）の推進
○従業員の声を大切にする取り組み
○社内コミュニティの形成

こうした活動を通じて従業員一人ひとりの満足度を高め、企業の一員として誇りをもって働ける環境をつくることで、従業員のエンゲージメント（企業に対する愛着のこと）が高まり、結果的に企業の生産性向上や人材定着に貢献します。

ただ、もちろんこれらすべてを実行しなければならないわけではありません。自社の従業員のニーズや予算なども踏まえつつ、まずは一つだけでもいいので無理なくできるところから始めるといいでしょう。

●従業員の健康の促進

企業が従業員の心身の健康を支援するための取り組みです。従業員が常に心身ともに健康でいることが、企業全体の生産性を高めます。具体的な取り組みの例を挙げていきます。

健康診断の実施

年に一度、従業員全員に、基本的な身体検査、血液検査、心電図検査、視力検査など一般的な健康診断を提供します。余裕があればがん検診など特定のリスク要因に対応する追加検査を用意するのも有効です。

メンタルヘルス支援

社外の専門カウンセラーと契約し、従業員が匿名でメンタルヘルスに関する相談を行えるようにして、ストレスや不安、職場での人間関係への悩みなどを専門家の力で支援します。また、従業員が自らのメンタルヘルスを管理するスキルを身につけられるよう、研修やワークショップを開催する方法もあります。

フィットネスの推進

従業員が地元のジムやフィットネスセンターを気軽に利用できるよう、その費用の一部を企業が負担します。社内にトレーニングルームを設ける、気軽に参加できる運動イベントを定期的に開催するなどの取り組みも有効です。

健康的な食生活の支援

社内食堂やカフェテリアで、栄養バランスのとれたメニューを提供するとともに、従業員に対して栄養に関するセミナーを開催し、健康的な食事についての知識を伝えます。

健康教育と啓発活動

定期的にニュースレターや社内ポータル（社内向けＷＥＢサイト）を通じて、健康維持につながる最新情報やコツを提供します。毎日どれだけ歩いたかを競うチャレンジや、禁煙支援プログラムなど、健康的なライフスタイルを推進するキャンペーンを行うのも効果的です。

●ワークライフバランスの支援

ワークライフバランスは人生を充実させるための概念であり、従業員の仕事と私生活のバランスがうまくとれるよう支援することで、満足度や生産性が高まります。以下が具体的な施策です。

フレックスタイム制度の導入

従業員が自分の生活スタイルに合わせて始業・終業時間を調整できる制度です。例えば、育児のために早めに退社する必要がある従業員が早朝に出勤するなど、個々のライフスタイルに合わせた働き方ができ、仕事と家庭の両立がしやすくなります。なお全員が必ず勤務している時間帯（コアタイム）を設定することで、チームとしての協働が必要な業務もスムーズに行えます。

リモートワークの推進

オフィスに通勤せず自宅やほかの場所で仕事を行うリモートワークを導入すれば、通勤時間の削減や家庭で過ごす時間を増やすことができます。従業員が効率的にリモートワークを行えるよう、必要なＩＴツールやサポート体制を整備すれば、感染症などのパンデミックや自然災害などの緊急時にも業務を継続できるメリットがあります。

有給休暇の取得奨励

従業員が適切に休暇を取得できるよう、有給休暇を計画的に使用することを奨励します。適度に休日を挟むことで従業員は定期的にリフレッシュでき、仕事のパフォーマンスが高まります。特に体調不良時には無理をせず休めるように、病気休暇についてはしっかりとした整備が必要です。

育児・介護支援制度の充実

子育てや介護を行う従業員が、一定期間仕事を離れて家族のケアに専念できるよう、育児休暇や介護休暇を整備します。また、職場復帰後も、フレックスタイムやリモートワークなど、柔軟な働き方を続けられるよう支援を行います。保育施設や介護施設の利用費用の一部を補助する、社内に託児所を設けるといった実質的な支援も有効です。

●従業員のキャリア開発

企業が従業員のスキルや知識を向上させ、長期的なキャリア形成を支援するための取り組みです。これは従業員のモチベーションやエンゲージメントを高めるだけでなく、企業自体の競争力を強化するうえでも非常に重要です。

社内研修プログラム

従業員が自分の業務に必要なスキルを磨くための研修プログラムを提供します。例えばＩＴスキル向上やマネジメント研修、リーダーシップ研修など、今後の成長を見据えたうえでプログラムを用意し、自社のみではなくどこにいっても活躍できるような力をつけてもらうようにするのが理想的です。

資格取得支援

従業員が業務に関連する資格を取得する際、学費や受験料を企業が負担する制度です。これにより、従業員が積極的に専門知識を習得し、自身のキャリアを向上させる意欲を高めることができます。なお資格取得に向けた学習時間を確保するため、従業員が定期的に勉強に専念できるように業務時間を調整する、または学習時間を勤務時間として認めるなどの柔軟な対応ができると、より有効に活用してもらえると思います。

メンター制度とコーチング

経験豊富な社員がメンターとして、若手社員や新入社員を支援します。メンターは、キャリアプランの作成、業務上のアドバイス、人間関係の構築など、多方面でのサポートを提供します。そのほかに従業員の個別の課題や目標に応じたコーチングを提供し、キャリアの次のステップに進むための支援を行うのも有効です。

キャリアパスの明確化

昇進の基準や要件、スキルアップのための具体的なステップ、異動や新しい役割へのチャレンジなど、従業員がどのようにキャリアを進めていくことができるか、明確なキャリアパスを提示します。これにより従業員は目標に向かって計画的に取り組むことができます。ただキャリアパスを用意するだけではなく、カウンセリングや研修を通じ従業員の目的達成のサポートも行うとさらに効果的です。

イノベーションの奨励

従業員が自分のアイデアを発信し形にするためのプロジェクトを提供します。企業内でのイノベーションプロジェクトや、新規事業開発プログラムの導入、アイデアコンペなどで、従業員は創造性を発揮し、新しいチャレンジを楽しめます。優れたアイデアには予算をつけ、実行のための支援を行うことがイノベーションにつながります。

●職場環境の改善

従業員が安心して快適に働けるよう職場環境を整えるのは、ＣＳＲ活動においても重要な取り組みです。職場環境の改善は、物理的な環境の整備に加え、ハラスメント対策、労働条件の改善など多岐にわたります。

物理的な職場環境の整備

例えばデスクや椅子などのオフィス家具を人間工学に基づいて選定し、長時間の作業でも身体に負担がかからないものにします。作業効率を高めるために、オフィスを集中が必要なエリアとコミュニケーションエリアに区切ります。また、オープンスペースや休憩スペースの設置によって、従業員がリラックスできる環境を提供します。職場に自然光を取り入れると従業員の気分や生産性が向上するのが分かっていますから、レイアウトを工夫しましょう。

職場の安全衛生管理

労働安全衛生法に基づき、職場での事故やけがを防ぐための安全対策を徹底します。これには、安全教育の実施、定期的な安全点検、適切な保護具の提供なども含まれます。特に工場や製造業では、安全ガイドラインの遵守が重要です。また職場の清潔さを保つために定期的な清掃や消毒を行い、共用スペースやトイレなどの衛生環境を高い基準で維持します。

心理的安全性の確保

職場におけるハラスメントの防止も、よりよい環境をつくるうえで重要です。明確な規定やポリシーを設け、従業員に教育を行うとともに、ハラスメントが発生した場合に適切に対応するための相談窓口や処理手続きの整備も求められます。経営層が積極的に従業員の声に耳を傾け、様子をうかがうようにするのも抑止力となります。

ＤＸの推進

あらゆる中小企業で、ＤＸ（デジタルトランスフォーメーション）は急務といえます。高速なインターネット環境、最新のソフトウェア、セキュリティ対策が充実したシステムなどを提供し、普段からＩＴ社会で生きている従業員たちがストレスなく作業できる環境を整えます。社内のコミュニケーションを促進すべく、チャットツールやビデオ会議システムの導入も求められます。また環境負荷の低減のためにも、書類はできる限りデジタル化したいところです。

定期的な職場環境調査

従業員に対し定期的に職場環境についての調査を行い、その結果に応じて職場環境の改善を図ります。従業員の意見を取り入れていくことで、より的確な改善ができるとともにエンゲージメントも高まります。

●多様性とインクルージョンの推進

人々の多様性を受け入れ、ともに歩むことを、Ｄ＆Ｉ（ダイバーシティ＆インクルージョン）といい、ＣＳＲの文脈においても重要視されている考え方です。さまざまな背景や価値観をもつ従業員が平等に活躍できる環境を用意するのは、企業のイノベーションや競争力を高め、成長していくためにも重要な取り組みです。

多様な人材の採用

性別、年齢、国籍、障がいの有無、性的指向などにかかわらず、多様なバックグラウンドをもつ人材を積極的に採用します。そのためには求人広告や面接での質問内容を見直し、多言語で求人情報を出し、労働条件に関する要望に柔軟に対応するなど、採用活動を工夫しなければなりません。

多様性に理解のある職場文化の醸成

従業員に対して、Ｄ＆Ｉに関する教育を行うとともに、ハラスメントや差別を防ぐためのポリシーを明確にし、それを全従業員に周知します。差別的な行為が発生した場合に備え、適切な対応を行う環境を整えるのも重要です。また、多様な文化や価値観を尊重するため、社内で多様性をテーマにしたイベントやワークショップを開催します。これにより、従業員が互いの文化や背景を理解し、尊重する機会を提供します。

公平な評価と昇進の機会

業績評価や昇進について、そのプロセスが公平で透明性の高いものでなければいけません。すべての従業員が平等に評価されるよう、明確な基準を設け、バイアス（先入観や偏見）のない評価を行います。従業員のなかから多様なリーダーを育成し、昇進の機会を平等に提供する必要があります。

継続的な評価と改善

Ｄ＆Ｉに関する取り組みが実際に効果を上げているかを継続的にモニタリングし、定期的な評価を行います。経営層がＤ＆Ｉの重要性を強調し、定期的にその進捗を報告することで、従業員全体が取り組みの意義を理解し、文化として根付いていきます。

●従業員の声を大切にする取り組み

従業員の意見やフィードバックを積極的に取り入れ、経営や職場環境の改善に反映させるための重要なプロセスです。これにより従業員は自身が組織の重要な一員であると感じ、エンゲージメントや満足度が高まって、生産性や創造性が向上します。

定期的なフィードバック収集

定期的に従業員満足度調査を実施し、職場環境、業務内容、上司との関係、福利厚生などに関する従業員の意見や満足度を把握します。なお調査は基本的に匿名で行い、従業員の率直な意見を募ります。デジタルツールを使って従業員がいつでもフィードバックを行えるプラットフォーム（基盤となる環境）を用意するのも効果的です。ここでは、耳の痛い意見が必ずといっていいほど出てくるため、経営者にとっては最も実施したくない調査だといえます。しかし、エンゲージメント向上のためには従業員から寄せられたフィードバックや意見に対して、迅速かつ誠実に対応することが重要です。

経営陣との直接対話

経営者や管理職が定期的にきちんと面談の時間を確保し、従業員と直接対話する機会を設けます。従業員は自分の考えや懸念を率直に語り、経営層も現場の状況をリアルタイムで把握できます。また、不満をもつ従業員の相談が直接、経営陣に届くような窓口を設けるやり方もあります。

アイデア募集制度

社内コンテストなど、従業員が業務改善や新規事業に関するアイデアを提案できる機会をつくります。優秀なアイデアについては実施のうえ、従業員に対する表彰や報酬を授与します。また、常時投稿できる提案フォームを設け、従業員がいつでもアイデアを提出できるようにしておきます。

●社内コミュニティの形成

従業員同士のつながりを深め、職場内での協力関係や信頼関係を築くための取り組みです。社内コミュニティの醸成を通じ従業員同士の絆は深まり、共通の目標に向かって協力し合う文化が育まれていきます。

社内イベントの開催

スポーツイベント、アウトドア活動、ワークショップなどの社内イベントを積極的に開催することで、従業員同士が関係を深める機会となります。夏祭り、バーベキュー、ハロウィンなど、季節に応じた社内行事を開催し、仕事以外で従業員同士がコミュニケーションをとる場をつくるのも大切です。

オンラインフォームの設置

社内SNSやチャットツールなどを活用して、誰もが自由に発言できるオンラインフォームを設置します。仕事に関する情報交換だけでなく、趣味や興味に基づいたトピックで交流できるようにすると、リモートワークをする従業員も組織とのつながりを感じることができます。

コミュニティ活動の評価

コミュニティリーダーや活発に活動している従業員を評価し、表彰することで、社内でのコミュニティ活動をより活性化させます。

コミュニティへの継続的なサポート

社内コミュニティの活動を定期的にレビュー（評価）し、活動が活発に行われているか、全従業員が参加しやすいかなどをチェックし、必要に応じてサポートを行います。経営層もコミュニティ活動に関心をもち、積極的に関わることで、全社的な活動となっていきます。

女性が活躍できる職場を目指して

ここまで社内に向けたＣＳＲ活動について多項目にわたり記してきましたが、当然ながら私もそのすべてを実践できているわけではありませんし、実際に中小企業でこれらをすべて行うことは不可能に近いです。あくまで、このなかで心に引っかかったものをチョイスして予算も考慮したうえで、自分のできる範囲を考えてＣＳＲ活動と向き合っています。

福利厚生などの一般的といえる取り組みはここではあえてふれず、特徴的なところでいうと、ＣＳＲという単語を知る以前から私が続けてきたのが、女性の活躍する職場をつくることです。９割以上が女性スタッフという歯科医院の特性もあり、今思えばＣＳＲ活動の大部分を占めていると感じます。

末長く女性に活躍してもらおうと思うなら、結婚、出産、子育てといったライフイベントに柔軟に対応できる環境づくりが求められます。

特に出産と子育てについては、ある程度の期間、職場から離れることになります。したがって産休や育休という制度を設けるのは大前提であり、私の職場でも何人もこの制度を活用して休みに入り、子育てが一段落した頃にまた戻ってきてくれています。

歯科医院という職場では、その規模により最低限、配置しなければならない人員数が定められています。したがって人員不足のときにさらに産休や育休が重なれば、営業ができなくなる可能性もあります。

だからといって、常に人員に余裕をもった体制で経営を続けていくというのは、中小企業には難しいものです。現在では歯科衛生士が不足し、新卒者を獲得するのも簡単ではありません。

そこで注力しなければならないのが、歯科衛生士の資格をもちつつ仕事をしていない主婦層の獲得であり、子育てや家庭と両立して働けるような労働環境や職場環境を用意するのが大切だと考えてきました。現在はパートタイムを含め11人の歯科衛生士の方々が医院を支えてくれていますが、そのうち8人は主婦です。

人材活用という点でいうと、高齢者の力も借りています。

私は歯科医院の経営に加え、全身の健康あっての口腔機能改善という視点から、介護保険適用のリハビリテーションを専門に行う通所デイサービスも手掛けています。その利用者の方々を車で送迎してくれているドライバーやバイタルチェックを行ってくれるパートの看護師にも、70歳を超えるシルバー人材を採用しています。シルバー人材にはさまざまな人生経験から学んだ気づかいやコミュニケーション能力があるので、利用する方々も会話を楽しみながらよりリラックスしてデイサービスに通ってくれているように感じます。また、シルバー人材側も人のお役に立てる仕事に従事しているという意識がやりがいや生きがいにつながり、見た目も若々しくはつらつとして働いています。

中小企業でも検討すべき、専門マネージャーの配置

中小企業として珍しい取り組みといえるのは、「SDGs専門マネージャー」を置いていることかもしれません。肩書こそSDGsとなっていますが、実質的にはCSR

活動全般を担っています。なぜ専門マネージャーを置いたかというと、CSR活動を継続していくためにほかなりません。

私が福祉マーケットを主催しているのはここまでも述べてきましたが、試行錯誤でスタートした第1回が終わったとき、歯科医師であり経営者でもある多忙の私がイベントの前線で動き続けることは、体力的にも時間的にも厳しいと感じました。

今後も継続し、仮に規模が大きくなったなら、すべてを自分だけでこなすのは到底できない……どうしたらいいだろうかと悩んでいたときに、ふっと勝畑さんという従業員の笑顔が浮かびました。

勝畑さんはもともと外食産業でマネージャーをしていたのですが、事務職として中途採用されて仲間に加わってくれました。しかし、医療事務という新たな仕事はあまり肌に合っていなかったようで、いつもどこか所在なげで、どちらかというと職場にうまく溶け込めていない印象がありました。

そこで私は、思い切って相談をもち掛けました。

「医療事務の仕事とは違うし、普通は歯科医院にSDGs担当などというポジションはない。しかし今後、絶対に必要な世の中になる。だから専門マネージャーをやってみないか」

そう打診すると、彼は二つ返事で受けてくれました。

その日を境に、勝畑さんは水を得た魚のように、のびのびと動きだしました。行政との交渉、作業所への声掛け、新たなＳＤＧｓの企画立案など、自主的に提案、行動し、どんどん具体化していきました。

今思えば、そうして自ら考え、積極的に人と会って話をしたり交渉したりすることが勝畑さんの得意分野だったのだと思います。これまでが嘘のように、生き生きと働きだしたのです。

自分の長所を活かせる仕事につければ、人はこんなにも変わるのか……私は驚き、経営者として改めて適材適所の大切さを胸に刻みました。

中小企業のＣＳＲ活動は多くの場合、トップの一声から始まり、トップを中心に推進していくと思います。もちろん経営者がすべてをこなせればそれでよいのですが、なかなかそうはいかないはずです。

ＣＳＲ活動は、長く続けるほどメリットが大きくなっていくものです。主導する経営者の手が回らなくなれば、プロジェクトは止まってしまいます。ですから中小企業のＣＳＲ活動においても、専属スタッフを一人つけるというのが中長期的に取り組むうえでのポイントです。

無論、最初から必ず専属スタッフを置かなければならないわけではなく、自分で取り組める範囲から始めればいいのですが、ずっと経営者一人で抱え込んでしまうというのは、私の経験からいってもかなり荷が重くなります。スタートの時点である程度、手伝ってくれる従業員の目星をつけておき、忙しいときには声を掛けられるようにしておきたいところです。

ＣＳＲ活動を続けていくと、自然に賛同の輪が広がり、活動やイベントの規模がどんどん大きくなりがちです。そして、自らの力だけではどうにもならない瞬間が、必ずやってくるはずです。それに先んじて、専属スタッフを配置できるのが理想です。どの職場にも、なんとなく配属部署になじめず、浮いてしまっているスタッフはいるものです。そのため新規に採用するのではなく、あえて目星をつけた従業員のなかから最も適性が高い人を選ぶようにするとよいと思います。

日本の未来を占う、高齢者雇用や障がい者雇用の在り方

数ある中小企業のなかでも、社内に向けたCSR活動に力を入れ、成功を収めている企業はいくつかあります。

静岡県でパイプの加工や切削、溶接、表面処理を手掛けるコーケン工業は、1971年創業の老舗メーカーです。「多品種少量・短納期・高品質」なパイプ部品を提供すべく、パイプ引き抜き加工に始まり、切断・曲げ・溶接・表面処理まで社内一貫生産を高い技術でこなし、高品質なパイプ製品を提供してきました。農業機械、建設機械、自動車、船といった分野のリーディング企業を支える中小企業です。

そんなコーケン工業が力を入れてきたのが、高齢者雇用です。

きっかけはバブルの時代に若い従業員が集まらなかったことで、苦肉の策だったと

いいます。しかしそこから継続的に高齢者雇用を続け、今では全従業員の約30％を高齢者が占め、大きな戦力となっています。過去最高齢の社員は93歳で、働きたいという意欲と元気があれば年齢制限なく受け入れてきました。現在でも高校を卒業したばかりの10代から、上は80～90代までの世代が一緒に働き、アットホームな職場となっているといいます。

障がい者雇用にも力を入れ、障がい者施設と提携し、仕事の場を提供したり、特別支援学校生の職場体験を実施し、それを通じて社員へ登用したりと、多角的に取り組んでいます。なお障がい者に対して、何か特別な制度や専門の部署などはあえてつくらず、それぞれの個性や希望に適した職場への配属を行い、ほかの従業員と同じ空間で働いてもらっているそうです。

また女性の育休取得率は１００％で、復帰後は時短勤務制度や子連れ出勤を利用する社員も多く、育休をとって復帰するという流れが自然なものとなっているなど、あらゆる従業員が幸せに働ける環境づくりに力を入れています。

こうした姿勢が社会的評価を受け、２０１７年には人を大切にする経営学会主催「日本でいちばん大切にしたい会社大賞」の中小企業庁長官賞を受賞、２０２２年は障害者雇用優良事業所等表彰において、厚生労働大臣表彰を受賞しています。

そのほかにも、カーボンニュートラル（温室効果ガスの排出量を削減し、削減できなかった分を吸収・除去することで実質ゼロに抑えるという考え方）への取り組みとして勤怠用タイムカードのプラスチック部分すべてに再生材99％を使用したＩＣカードを採用したり、工場の照明をＬＥＤに切り替えることで省エネにつなげたりと、ＣＳＲ活動を幅広く展開しています。

今後、若い労働力が減っていく日本社会において、同業他社はもちろん、あらゆる中小企業が参考にすべき企業であるといえます。

中小企業も取り組むべきダイバーシティ経営

新潟県に本社を構えるフジイコーポレーションは、１５０年以上の歴史をもつ機械メーカーであり、現在は除雪機や農業機械の製造・販売など、グローバル市場を見据えた事業を展開しています。

フジイコーポレーションの大きな特徴の一つが、家族的経営観に基づいたダイバーシティ経営です。

女性、高齢者、外国人、障がい者などさまざまな人々が、大家族の一員として能力を発揮しています。そんな取り組みが評価され、２０１４年には「ダイバーシティ経営企業１００選」にも選出されています。

ただ、同社ははじめからCSRやダイバーシティ経営を意識して取り組んだものではなく、もともと性別や国籍にとらわれない企業文化があり、かつ社員が幸せに働ける環境をつくるべく工場や社屋を整えていったところ、多様な人材が集まってくるようになったといいます。そしてそれが、事業を広げる原動力となりました。語学力の高い女性社員や外国人留学生などの入社により、同社の製品はこれまで以上にグローバルに展開できるようになったといいます。

個人的に注目したいのが、障がい者に対する従業員の取り組みです。障がい者が就労する施設で作っているケーキや焼き菓子のチラシを従業員たちが回覧し、定期的に購入しているといいます。また打ち合わせや営業で全国の取引先に出向く際にも、地元の障がい者施設で生産、販売されている品をお土産として持参しているそうです。こうした従業員の行動の背景には、法定雇用率以上の障がい者の方々を雇い入れ、日常的に障がい者と接している環境があると私は考えています。

またユニークな取り組みとしては、「女性社員に感謝する夕べ」というイベントが挙げられます。開催日には会社の庭に屋台を出し、男性社員が中心となって女性に料理を運びドリンクをつぐなどサービスをしているそうです。

日本の多くの企業では、お茶出しなどのおもてなしを女性にゆだねる傾向がありま す。その賛否はさておき、それ自体を当たり前と考えず日頃から感謝する気持ちをもつというのは、結局のところ多様な人々の立場に立ってものを考えることにつながります。それがダイバーシティ経営を実践するうえでの、一つの鍵になるのではないかと思います。

そのほかに、フジイコーポレーションで実践されているのが、徹底した環境整備です。工場などはあらゆる部分に段差がなく、バリアフリーとなっています。また工具類やケーブル類は天井につるしてあり、床にはつまずくものがありません。

工場にあるものはすべて高さ１４０センチメートル以内に収まっているといいます。地震があってもものの下敷きになることがないようにという配慮からです。また、事故が起きるのを懸念して、工場にはつきものといえるフォークリフトを使わず、台車でものを移動させています。

このような工夫は、確かに多様な従業員に働きやすい場を提供し、安全を守るものですが、経営効率という視点からすると決して最良の仕組みとはいえません。逆にいうなら、経営効率よりもそこで働く人に焦点を当て、従業員を何より大切にしているという姿勢の表れなのです。

社員を家族のように大切にすれば、自然に業績は伸びる

長野県の伊那食品工業は、寒天をはじめとした天然由来のゲル化剤の専門メーカーです。

その最大の特徴は、会社経営の目的を「従業員の幸せ」としていることでしょう。

社員が幸せになることによって、その家族、地域、そして社会全体が幸せになるという考えで、企業による経済活動はあくまでその手段にすぎないといいます。

従業員を大切にするという理念を掲げる企業は多くありますが、伊那食品工業ほどそれを徹底して実践しているところはほとんどないと思います。

まず給料に関して、経営視点でいえば人件費はコストであり、業績によって給与やボーナスを決めるのが一般的でしょうが、伊那食品工業ではどんな業績であろうが、給料を上げていくのを前提としています。従業員が将来設計しやすいようにと年功序列の制度を守り、ライフステージに応じた給料が入ってくるようになっています。リストラや減給は一切行いません。

業務においても、会社側から目標の数字を設定することはほぼなく、個人や支店で主体的に目標を決め、自分たちで考えながら実行していきます。そのほうがやりがいを感じやすく、楽しく働け、成長にもつながるからだといいます。

職場環境についても、費用対効果や生産性向上という観点ではなく、従業員がどれだけ快適に働けるかをひたすら追求しています。

福利厚生もかなり充実し、独自性の高い取り組みがいくつもあります。例えば冬の寒さが厳しい地方で大半の従業員が車通勤をしていることからスタッドレスタイヤ手当としてタイヤ交換代の一部を支給したり、1日2回、15分あるお茶休みのお菓子代を月500円支給したり、社員旅行に行く際も8万円を補助したりするなど、従業員目線でさまざまな福利厚生を実施しています。

このような取り組みは当然ながら原資が必要となりますが、伊那食品工業はおよそ半世紀以上にわたり増収増益を実現し、経常利益率も常に10％を超えています。社員の幸せのために事業を行う、ある種究極のCSRともいえる経営を続けてきた結果が永続的な成長であるという事実から、学ぶべきことは多いです。

なお伊那食品工業の経営哲学は、「年輪経営」と呼ばれています。樹木の年輪は気温や天候によって幅は変わるものの、毎年必ず一輪ずつ増えていきます。また、木が若いうちは年輪の幅が広く、樹齢を重ねるにしたがって幅が狭まります。それと同じように、起業した当初こそ成長を急いだとしても、ある段階からはゆっくり着実に成長するように速度をシフトするほうが、会社が永続していくという考え方です。

伊那食品工業では、ＣＳＲ活動を単に企業のイメージアップの手段として利用するのではなく企業活動の目的そのものであるとし、従業員を最も重要なステークホルダーであると位置づけ、「社員は家族」と公言しています。そして会社の利益は従業員の幸せを実現するためにあるという理念を経営者が行動で示し、ぶれずに実践し続けてきたからこそ、着実に成長を続けてきたのです。

同社はＣＳＲレポートを公表しているので、参考にしてみるといいと思います。

第 4 章

地域交流、文化支援、福祉活動……社外で取り組むCSR活動

社外向けCSR活動の代表的なカテゴリー

中小企業が社外で実行すべきCSR活動については、その種類は数多く、最適な方法も企業の数だけ存在しているといえます。

ですから「中小企業ならこれをやるべきだ」と明確に定めることは難しいのですが、目安として一般的といえるカテゴリーをいくつか挙げていきます。

もちろんこれらすべてを並行して実行するのはほぼ不可能であり、地域のニーズや予算なども踏まえつつ、できることから一つずつ検討を始めるといいと思います。

●地域貢献活動

地元コミュニティと連携して社会的責任を果たす、重要なCSR活動です。活動を通じて、企業は地域社会に対して直接的にポジティブな影響を与えます。中小企業が無理なく取り組むことができるものも多く、中小企業のCSR活動の第一のチョイスとなるものです。

地域施設の支援

地域の障がい者施設や高齢者施設、児童養護施設といった福祉施設や、図書館、子どもセンターなどの公的施設に対し、物資（例えば家で読まなくなった本や漫画など）の寄付などを通じた支援を行います。また施設利用者との交流イベントや技術や知識を活かしたワークショップなどを開催することで地域社会との連携の強化を図ることができます。社会的弱者といわれる人々との交流や、地域の人々とのふれ合いのなかで、従業員たちの地域貢献意識が高まることも期待できます。

教育支援

地元の学校や教育機関、地域包括支援センターなどで自社の専門分野を活かした特別講義や職業体験プログラムの提供、奨学金制度を設立等、教育関連の支援もＣＳＲ活動の一環です。例えば私の場合、歯科関連の口腔ケア教室や誤嚥《ごえん》予防体操教室などを地域で実施しています。これらは教育レベルの向上に貢献するとともに、地域を担う未来の人材を育成する手助けにもなります。教育という中長期的な取り組みに関わることで地域との関係も末長いものになりやすく、地元密着型の支援の一つです。

地域イベントへの協賛や参加

地域の祭り、スポーツイベント、文化フェスティバルなどに協賛し、企業ブースを出展したり、社員がイベント運営にボランティアとして参加したりすることで、イベントを支援します。地域住民との交流が深まり、企業の親しみやすさや知名度の向上につながるものです。私の医院でこうした活動に取り組んだところ、一患者と医師という診療室のみの関係から、もう一歩踏み込んだ密な人間関係が構築され、家族ぐるみで医院に通ってくれるファンが増えたことを実感しています。

コミュニティの活性化活動

地元産品の販促活動の実施や商店街イベントの企画などを通じ、地域コミュニティの活性化に協力します。コミュニティへの支援が同じ志をもつ地域のさまざまな企業とのパートナーシップの構築につながることもあります。

●社会貢献活動

中小企業が社会に対して積極的に支援を行うことで、社会的責任を果たします。活動を通じて自社の価値観やビジョンが徐々に周知されていき、次第に社会的な信頼が築かれていきます。

社会的課題に対する啓発活動

環境問題や健康問題、教育格差などの社会的な課題に対して啓発キャンペーンを行い、情報を発信します。例えば乳がんの正しい情報を伝える啓蒙運動として世界的に広がっているピンクリボン運動は、もともとは乳がんで家族を失った人が、このような悲劇が繰り返されないようにとの願いを込めて作ったピンクのリボンがきっかけであり、中小企業でも同様のムーブメントの起点になることも可能です。

私の医院でも、口腔がん撲滅キャンペーンのポスター告知や口腔がん健診等を行っています。まずは自分の得意分野から気楽な気持ちで始めてみるといいと思います。

NPO・NGOとの協力

社会的な課題に取り組むNPOやNGOと連携し、共同プロジェクトを実施します。例えば貧困問題解決を目指す団体の支援活動や、ボランティア活動への参加など、専門的な団体との連携により、社会的な課題と向き合います。これは一歩踏み込んだ活動になるので、社内のCSR文化がある程度醸成されてから行うのがいいと思います。

災害支援

自然災害が発生した際に、被災地への物資提供、募金活動、義援金の寄付、従業員によるボランティア活動といった支援を行います。災害時の迅速な対応は、企業の社会的責任の一つです。また従業員が災害支援活動に参加することで、地域社会への貢献意識が高まり、企業内の一体感も深まります。

●環境保護活動

持続可能な社会の実現に向けて、中小企業でも進めるべき重要なＣＳＲ活動の一つです。地球環境への配慮を示し、長期的な視点で環境への影響を最小限に抑えるための取り組みを、できるところから始めていかなければなりません。

リサイクル活動の推進

リサイクルに関するセミナーの開催や、地域住民向けのリサイクルイベントの主催、リサイクルステーションの設置など、社内外でリサイクル意識を高めるための取り組みを行います。廃棄物の削減と資源の有効利用を促進することで、地域社会全体の環境負荷を軽減し、また啓発活動を通じ自社の環境意識の高さを知ってもらえます。

私の医院では、古くなり使わなくなった歯ブラシや入れ歯、銀歯の回収などを行っています。古い歯ブラシは公園のベンチに再生され、入れ歯についている金属は分析・精製され、新しい金属に生まれ変わります。

エネルギーの効率的な利用

自社のエネルギー消費を抑えるべく、省エネ機器の導入や、ＬＥＤ照明への切り替え、再生可能エネルギーの導入などを実施します。地球温暖化の主要因である温室効果ガス（特に二酸化炭素）を削減する脱炭素の取り組みもここに入ります。自社の環境負荷を軽減するのはもちろん、地域全体の省エネにもつながるもので、持続可能な社会を築くための重要な取り組みです。加えて自社のエネルギーコストも削減できますから、一石二鳥といえます。

環境に配慮した製品・サービスの提供

再生可能資源を使用した製品や、エネルギー効率の高いサービス、あるいは廃棄物の発生を抑えるプロセスを導入した製品など、環境負荷をできるだけ抑えて作られた製品やサービスを提供します。ただ社会的責任を果たすだけではなく、競争力の向上や新たな市場の開拓にもつながる施策です。

環境教育の提供

環境問題に関する講義やワークショップの開催、子どもたちに対する自然体験イベントの企画など、地元の学校や地域団体と協力して環境保護に関する教育プログラムを提供します。若い世代に環境意識を根付かせることは、将来にわたって持続可能な社会を形成する基盤となるものです。また企業が率先して環境教育に取り組み、地域を引っ張ることが企業イメージの向上にもつながります。

地域の環境保護活動の推進

緑化のための植樹活動を支援したり、海や川の清掃活動に協力したりと、地域が行っている環境保護活動に参加します。ただ寄付を行うだけではなく、ボランティアとして従業員が参加すれば、地域社会との結び付きがより深まります。

●スポーツ・文化活動の支援

企業が地域社会と積極的に関わる入り口となるのが、スポーツや文化活動に対する支援です。地域住民との関係性を深め、地域社会の発展に貢献することができます。

地域スポーツチームの支援

例えば少年野球チームや、青年会のサッカーチーム、社会人バスケットボールチームなど、地域には住民たちで構成されたさまざまなスポーツチームが存在しているものです。そうしたチームに対し、スポンサーシップや物資の提供などを通じて活動を支援します。それが子どもたちをはじめとした地域住民がスポーツにいそしむきっかけとなり、地域の健康促進にも貢献することができます。

私の医院では、高校野球地方大会のテレビ放送の協賛や、優勝校へオリジナル歯磨き剤の無償提供（全部員分）を行っています。

スポーツイベントの開催や協賛

地域のマラソン大会やスポーツフェスティバルの主催など、イベント運営を支援します。企業がイベントのスポンサーになれば自社名が公表されますし、社員がボランティアとして運営に参加すれば、地域住民との絆を深められます。

地域文化活動の支援

地元のアーティストや文化団体による展示会や音楽コンサート、舞台公演などの文化イベントを支援します。企業が主催者として参加する、スポンサーとして協賛する、または文化施設への寄付を行うなど、方法はいくつかあります。そうして地域の文化活動の発展に貢献するなかで、企業の地域社会へのコミットメント（責任をもって深く関わること）が評価され、結果としてイメージの向上が期待できます。

私の場合は音楽が好きでギターも弾いているので、誘われたイベントや講演では弾き語りで参加して地域活動に貢献しつつ、私自身も楽しんでいます。

社員のスポーツ・文化活動への参加促進

従業員が地域のスポーツチームや文化団体に積極的に参加することを奨励し、時間や資金面について支援を行います。企業内でスポーツクラブや文化サークルを設立し、地域イベントへの参加を推奨してもよいです。そうして従業員が地域社会と密接に関わることで地域への貢献意識が高まり、企業内のチームワークやモチベーションの向上にもつながります。

地域伝統文化の保護・振興

地域の伝統芸能や文化財の保護や振興活動を支援します。例えば地域の祭りや伝統行事への協賛、保存修復活動への協力、伝統工芸品の展示や販売のサポートといったプロジェクトが考えられます。そうして地域の文化遺産や伝統芸能を次世代に伝えていき、地域の文化的アイデンティティ（独自の伝統や習慣に基づいた地域への帰属感）を守ることができます。

●雇用創出と地域経済の活性化

中小企業が地域社会に最も直接的な影響を与えるCSR活動の一つが、雇用の創出や地域経済の活性化です。企業が地域内で雇用機会を提供し、地域経済についても成長の後押しをすることで、地域社会の持続可能な発展に貢献することができます。

地元採用の推進

企業が新たな雇用を創出する際、地元の人材を優先的に採用します。地元の高校・専門学校や職業訓練機関と連携して、地域の若者や求職者に対してキャリアセミナーや職業訓練を提供し、地域での就職機会を増やすなどの方法もあります。地元採用により、地域内での雇用が増加し、地域経済の活性化に直結します。企業は地域社会に対する責任を果たすとともに、地域の若者や住民に対して希望と機会を提供することができます。

地元企業との取引促進

地域にある取引先と積極的に取引を行い、地域内で経済を循環させます。同業他社であってもパートナーシップを構築し、共同プロジェクトを実施すれば相互のビジネスチャンスが拡大します。このような取り組みは地域経済全体の活性化にも通じるものです。

私の医院では近所のフラワーショップと提携して、パートも含め全従業員の誕生日に花束を届けてもらっています。花束というのは日常生活でめったにもらうことはありませんから、非常に喜ばれます。

地域事業の立ち上げ

地域特有の資源や文化を活用した事業を立ち上げます。例えば地域の特産品を活かした製品開発や、地域の観光資源を利用した観光事業の展開などを行うことで地域経済に新たな成長の機会を提供し、経済活動も活発化します。

地域産業の育成

自社のノウハウを活かして、地域産業の育成プログラムやインキュベーション（起業および事業創出をサポートするサービス・活動）プログラムを立ち上げ、スタートアップ企業を支援します。地域産業の支援により、地域内で持続可能な産業基盤が構築されていきます。

インフラ整備の支援

交通網の改善、通信回線の整備、商業施設や公共施設の改修支援など、地域内のインフラ（社会や生活を支える基盤）整備を支援し、地域経済の基盤を強化します。インフラ整備の支援により地域のビジネス環境が改善され、企業活動や住民生活の質が向上します。

教育・技能開発プログラムの提供

地域の学生や求職者に対して、職業訓練や技能開発プログラムを提供します。企業内のリソース（資源）を活用し、地元の教育機関と協力して専門的なトレーニングやインターンシップの機会を提供することで、地域の労働力の質を向上させます。またプログラムを通じ地域の若者や求職者を自社で雇用する取り組みも可能です。

福祉分野に注力して取り組んできたＣＳＲ

このように社外に向けたＣＳＲ活動にはさまざまな切り口があります。

私の場合には、特に福祉の分野に注力してＣＳＲ活動を行ってきました。その背景としては、前述のとおり研修医時代に大学病院の「障がい者歯科治療室」を手伝って以来ずっと自閉症や知的障がいのある患者さんの治療に携わってきたという経緯があります。障がいも一つの個性と考えることが大切です。私自身も事故や病気などでいつ障がい者になるか分かりません。ですから障がい者と一般の人を明確に区別する必要はなく、みんなそれぞれの個性をもってつながっている存在だと思っています。

しかし世の中を見れば、障がい者と一般の人との間にはまだまだ壁があり、不平等と感じる部分も多くあります。実際に社会的弱者という枠に押し込まれ、不利益を被っている障がい者の方々を、私はたくさん見てきました。

そんな人々のために、何かできることはないか……常々そう考え、ＣＳＲという言葉を知る前から自分のできる範囲で少しずつ、障がい者のための活動を続けてきました。福祉イベントの開催もその延長としてスタートしたものです。

今思うとＣＳＲといえる活動の始まりは、ほんの思いつきで障がい者の方々に、日々のお手伝いをお願いするようになったことでした。

最初からこだわったのは、互いに平等なギブアンドテイクの関係づくりです。

障がい者に対し「善意で仕事を頼んであげている」という上から目線の立ち位置は、障がいを個性の一つと考える私にはどうしてもなじめません。自分たちが困っていることを障がい者の方々の力を借りて解決し、その対価を支払うというのが、平等な関係だと考えています。

はじめにお願いした仕事は、患者さんに送る年賀状の宛名シール貼りでした。

６０００〜７０００枚にも及ぶ年賀状に宛名シールを貼る作業は、単純ではありますが当然ながらかなりの時間がかかります。ただでさえ人手が少ないなかで、平常業務の合間にスタッフがこなすのはなかなか難しく、誰かの手を借りたいと思っていました。

「せっかくアルバイトを雇うなら、障がい者の方々にお願いしてはどうか」

ふとそんな考えが浮かびましたが、そうした作業をどのように発注すればいいのか、皆目見当がつきませんでした。そこで私は、訪問歯科で少し接点のあった地域の障がい者自立支援施設に相談をもち掛けてみました。すると、すぐに施設から反応がありました。施設としても、障がい者と社会の接点となるような仕事を求めているというのです。話はとんとん拍子に進み、実際に2～3人、近隣の施設から手伝いに来てもらって、無事に年を越せたのでした。

その小さな成功体験から、私は自院で少しでも困ったことがあれば積極的に障がい者の方々にお願いするようになりました。

人手が足りないときにはなかなか手が回らない清掃作業や、庭やエントランスの植栽の手入れ、自社で販売する口腔ケア製品の梱包など、すぐに来て代行してくれるのは本当に助かりました。

毎日、増えていく通販で購入した段ボールの処理や自販機の空き缶の処分については、作業としてお願いするとともに、持って帰ってお金に換えてもらうようにしました。

このような取り組みは日常的に続けてきており、現在でも週の半分は障がい者の方々がやってきて、何らかのお手伝いをしてくれています。

なお経営という観点からいうと、人件費がいったいいくらか気になるかもしれません。

私としても、いくら障がい者の方々の力になりたいとはいえ、あまりにコストが高いなら、そうはお願いできません。

これはあくまで私の場合ですが、就労継続支援B型事業所の障がい者の方々にお支払いする時給は６００円ほどです。ただ、それに加えて付き添いで来る職員の方の時給を支払う必要もあり、そちらは１０００円となっています。なぜ値段に格差があるのかというと、窓口である事業所で定められた工賃との関係があります。料金はこちらが自由に設定できるわけではなく、先方とよく相談したうえで、できる限りの額をお支払いしています。

付き添いの方の金額を含めるとアルバイトを雇うよりやや割高になっていますが、CSR活動の予算で十分対応できる範疇《はんちゅう》であり、無理をしているわけではありません。

障がい者の方々は、本当に一生懸命働いてくれます。例えばトイレ掃除なら、私や従業員がするよりもはるかにぴかぴかに仕上げてくれます。頼んでよかったと心から思いますし、感謝の念に堪えません。

働いてくれる障がい者の方々としても、そうして社会と関わる仕事をすることにやりがいを感じてくれているようです。医院に何カ所か飾ってあるお花を交換し、新たにいけるという作業をお願いしている障がい者の方がいます。埼玉県から令和5年度「SAITAMA社会貢献賞」をいただいた際、その方からお手紙をもらったのですが、そこには「自分のことのようにうれしい」「いつも僕たちに仕事の機会を与えてくれてありがとうございます」といった祝福や感謝の言葉に加えて、次のように書かれていました。

「たくさんの患者さんを癒やす、医院のお花の手入れをさせてもらっているのは、自分の誇りです」

それを見たとき、私は感激して少し涙ぐんでしまいましたが、同時に現実として障がい者の方々の社会との接点の少なさを垣間見た気がしました。そしてまた、あくまでＷＩＮ－ＷＩＮの対等な関係として仕事をお願いする意義を改めて感じたのでした。

地域の障がい者施設に足を運び、働き手を募集

中小企業が障がい者雇用について検討する場合、これまで経験がないところから、いきなり正社員として雇用するのはなかなか難しいものです。障がいの種類によっては新たな設備なども必要になりますし、集中して働ける時間の長さにも個人差があります。総じて一朝一夕にはいかないのが現実です。

ですから障がい者雇用を検討する場合、まずはアルバイト感覚で、自社でなかなか手が回らないことを障がい者の方々にお願いしてみるといいでしょう。

どうやって人材募集を行うかというと、あまり深く考えずに私のように地域の障がい者施設に直接電話をして相談するのが最も話が早いと思います。よくよく注意してみると、就労継続支援Ｂ型事業所は近所にもたくさんあることに驚くと思います。

ただ、最初から「業務提携をお願いします」と言っても、相手側が身構え、怪しい話と勘違いされてしまうかもしれません。自社の身の上を明確にするのはもちろん、CSR活動として障がい者雇用を考えていることを丁寧に伝え、まずは施設の見学からお願いするのがよいと思います。

なお、どのような障がい者施設を訪れればよいのかについては、あくまで個人的な感覚ですが、昔からある工芸品や編み物といったモノづくりを行っている施設のほうが、話を受けてくれる可能性が高そうです。逆にパンなどの食べ物を作り、販売しているようなところは、忙しくて人員に余裕がないケースがよくあります。

工芸品の販売は多くの場合、販売期限などはそこまで決まっておらず、今日明日ですべて仕上げなければならないという事態は起きづらいものです。一方で食べ物を取り扱う場合、定期的に店へと卸さなければならず、「明日までにメロンパンを10個作る」といった締め切りがあります。したがって自由度という点でいうと、工芸品をメインで作っている施設のほうが高く、話を聞いてもらいやすいかと思います。

自社がお願いしたい仕事内容や勤務時間によっても訪問先は変わると思います。例えば就労継続支援事業所も、A型かB型かで大きく違います。A型は雇用契約を結んでの就労が基本であるのに対し、リハビリや社会復帰訓練の一環で労働を行うB型では、基本雇用契約は必要ありません。そのため短時間やスポットでの仕事なら、ある程度自由に賃金体系や就労体系を組めるB型のほうが向いていると思います。

また精神障がい者の比率がかなり高いので、その障がいの程度でできることの幅は大きく異なっています。一般の人と同じように作業をそつなくこなせる人もいれば、ごく単純な作業のみ行える人もいます。そのあたりは、施設側と相談を重ねたうえで話を進める必要があります。

なお近年は、ＩＴ系のパソコンを使う業務を担うことができる障がい者施設も出てきています。ある施設では所長が前職でＩＴ企業にいたため、民間企業から仕事を請け負ってホームページの更新などを手掛けています。一昔前までは、障がい者施設といえばお菓子作りや工芸品作りというイメージがありましたが、障がい者ができる仕事の幅はここ数年どんどん広がっていると感じます。

それを知るうえでも、まずは「はじめの一歩」として地域の障がい者施設に勇気を出して見学に行き、どのような作業が行われているか自分の目で確かめるところから始めてもいいかもしれません。

コロナ禍をきっかけに生まれた、福祉マーケット

私が障がい者の方々にいろいろとお願いするようになってからしばらくして、新型コロナウイルス感染症の流行が始まりました。患者さんの数は一時的に減り事業的には苦しい時期でしたが、時間ができたからこそCSR活動について学べたので、その点は不幸中の幸いでした。

コロナ禍で苦労したのは、障がい者施設も同じでした。ある就労継続支援B型作業所では、それまで行っていたパンの出張販売ができなくなり、収入が大きく減っていました。仕事をお願いしていた障がい者の方からその話を聞いたとき、私の頭に浮かんだのが、作業所で作ったパンを自院で販売できないか、ということでした。

思い立ったが吉日で、さっそく作業所に連絡を入れました。そして「毎週木曜日は

パンの日」と銘打ち、お昼休みの1時間くらい前から病院の玄関の外に会議用の机を出して、そこで販売してもらうことになりました。

手作り、無添加のパンを市販のものよりかなり割安で売っていたので、従業員はもちろん近所の方からも好評で、口コミで広まったのか、次第に行列ができるようになりました。

パンを作っている施設は全国にたくさんあり、販売の機会を増やしたいと考えているところも多いです。もし近隣で販売の機会を求めている施設があれば、それに対し会社のスペースを提供するのは容易で、CSR活動で福祉の世界に足を踏み入れる最初の一歩としておすすめです。障がい者の一助となるだけではなく、従業員の福利厚生の一環にもなり、かつ地域の人々との接点もできます。

そうしてパンの販売を続けていると、ほかの作業所から「うちも販売させてくれないか」という声がかかるようになりました。困っていたのはどこも同じで、作業所同士のつながりで話が広まっていったのだと思います。

結果として玄関前の机には日替わりで作業所のパンなどの品々が並び、明らかに手狭になりました。もっと場所を提供したいけれど、一方で患者さんのための駐車スペースをなくすわけにもいきません。悩んだ末に思いついたのが、休診日の活用でした。医院前にある車2台分の駐車場を無料開放し、そこで作業所の品々を販売するようにすれば、患者さんにも迷惑はかかりません。なお売上はすべて販売者に還元し、私たちはあくまで場所の提供とボランティアとして関わります。

こうして2021年11月、「福祉マーケット」が産声を上げたのでした。

なお初めての開催にあたり、せっかくやるのだからと私も張り切って、ポスターを作って配ったり、患者さんに声掛けをしたり、近所へのPR活動にいそしみました。するとと思いがけないことが起きました。私の医院のある所沢市小手指《こてさし》町近辺には自家農園がいくつもあり、患者さんのなかにも趣味で野菜を作っている人がたくさんいます。そしてある患者さんが「畑まで取りに来てくれるなら、B級品の野菜を無償で提供してもいい」と言ってくれたのです。B級品とはいえ、少し形が悪かったりサイズが規格より小さかったりするだけの、おいしい野菜です。そのほかに、マーケットの意図をくんでくれたすぐ近くにある鶏卵の販売会社の社長からも無償提供の申し出があり、なんと８００個もの卵が届きました。待合室が卵の箱だらけになった光景は今でも忘れられません。

そんな善意を私はありがたくいただき、売上はポスターの制作費や備品の購入費用など、運営資金に回すことにしました。新鮮な野菜や、産みたての卵を格安で販売できたのが一つの目玉ともなり、初回のマーケットは地域の人々で大いににぎわったのでした。

参加するすべての人が楽しめるイベントをつくる

今思い返せば、初めての福祉マーケットで最も苦労したのは、人手の確保でした。

私の医院の従業員たちは、訪問歯科で精神科に治療に行っていることもあり、普段から障がい者の方々とふれ合い、コミュニケーションをとっていたので障がいに対する偏見などは少なかったと思います。それでも、いきなりトップから「休診日に、福祉マーケットをやります」と聞かされて、すぐに受け入れてくれる人はそういませんでした。

最初は完全なボランティアでの参加でしたからもちろん無理強いはせず、有志を募ったわけですが、従業員からすれば「せっかくの休日にまで、なぜ職場に出てこなければならないのか」という思いを抱くのは当然で、なかなか手が挙がりませんでした。

これは反省点でもあるのですが、ＣＳＲ活動として実施するなら、福祉マーケットの手伝いも完全ボランティアではなく業務の一環として、手当や振替休日といったインセンティブ（報酬）をきちんと用意すべきであったと思います。またそれ以前から、ＣＳＲ活動の意義や、なんのために自社がそれを行うのかといった点を分かりやすく周知しておいたなら、理解してくれる従業員ももっと多かったと思います。そんな準備もなく声掛けをした初回のマーケットは、やはり人手が集まりませんでした。

ただ、従業員のなかには福祉に興味があって迷わず手を挙げてくれた人もいました。そうしてボランティアであるにもかかわらず積極的に参加してくれる従業員は、以降もイベントの核となってくれる可能性がありますから、大切にしなければいけません。

私の場合もその人が頼りで、仲のよい従業員に声を掛けてもらったりもしました。

結果として50人の従業員のうち８人が手伝ってくれる運びとなり、なんとか開催にこぎつけられました。

初回から意識したのは、お祭りのようなイベントにすることでした。まずは手掛ける側の従業員がすべてを楽しめなければ、今後の参加は危ういでしょうし、そうした作り手の感情は来場者にも伝わるものです。マーケットに関わるみんなが楽しめる、というのは第一条件と考えていました。

そのための一つの手段として、準備段階から従業員がデザインしたおそろいのジャンパーを着てみました。それだけで仲間意識が上がり、団結力が出た感覚がありました。

個人的にも、「仕事ではなく楽しいお祭りの準備をする」というスタンスを強調して、指示出しは極力控えてできる限り本人たちに任せ、常に明るく冗談を交えながら準備を進めていきました。

その様子をはたから見れば、高校や大学の学園祭の準備でもしているように思えたかもしれません。誰もが利益など考えず楽しむという点では、ＣＳＲ関連のイベントは学園祭のような感覚で楽しむと成功しやすいかもしれません。

初回から強く感じたのは、イベントを通じ醸成された絆が仕事にもしっかりと活かせ、組織がより一枚岩になったということでした。

いかにして組織を束ね、全員が同じ方向に歩めるようにするかは経営者の大きな課題の一つだと思います。みんなで一つのものをつくり上げていくなかで育まれる団結力は、組織を一枚岩にするうえでもかなり有効であると身をもって知りました。

また、従業員の思わぬ才能に出会えるのも、イベントのおもしろさです。Tシャツやグッズのデザイン、イラストや似顔絵を描く才能、意見をまとめたり、場をしきったりする才能など、普段の業務だけではなかなか見えていなかった一面が分かったのは、個人的に大きな収穫でした。そこから私は、イベントのなかで発揮された才能を日々の業務にできる限り活かせるように、配置換えや機会の提供を行うようになりました。

適材適所の人材配置は、生産性に直結する重要な要素ですから、それが進んだことが経営に好影響を与えているのは間違いありません。

従業員としても、得意なものを任され、頼られ認められればモチベーションが上がりますし、仕事に対する充実感をもちやすくなりますから、いいことずくめです。

どうしても労力がかかる、行政との交渉

結果として初めての福祉マーケットは、大盛況のうちに幕を閉じました。狭い敷地での開催だったにもかかわらず、たくさんの地域住民やスタッフとその家族が来店客として足を運んでくれました。また参加した障がい者の方々やサポートスタッフからも「すごく楽しかった」「すぐにまたやりたい」「次回もぜひ呼んでください」といった声をいただきました。

これまで作業所で作ったものは、例えば市役所の特設スペースなどに並べ、行政手続きに来た人が偶然、目を留めるような売り方をするケースがほとんどでした。しかし福祉マーケットでは、自分たちが主役です。お客様に積極的に声を掛けたり、対面で作品の説明をしたりするのにやりがいを感じたようでした。

地域住民が楽しみ、障がい者の方々が目を輝かせている様子を見て、従業員のモチ

ベーションも上がり、さっそく次回の話が出るほどでした。私としてもそうした声に背中を押され、コンスタントに開催する方向で検討を始めました。

1回目が終わった時点ですでに感じていたのが、会場のキャパシティ不足でした。来場してくれた作業所の関係者などから、「次回はぜひうちも参加させてください」といった要望を何件も受けていましたが、すでにスペースはほとんどなく、受け入れる余裕がありません。そこで私は、自院での開催はあきらめて別の会場を探すことにしました。とはいえ予算の都合上、お金を払って広い場所を借りるのは難しかったので、まずは行政に相談してみようと思い立ちました。

もし近所にある公園を借りられたなら、スペースは十分です。さっそく市役所に電話を入れ、後日、SDGs担当の勝畑さんに公園課に足を運んでもらいました。

こちらとしてはボランティアで福祉イベントを手掛けているわけですから、1日くらいは快く公園を貸してくれるのではないかと、私は楽観していました。

しかし現実はそう甘くはありませんでした。

まず、「歯科医院が福祉イベントを主催するなど前例がないので認められない」という、役所ならではの〝前例の壁〟が立ちはだかりました。さらには、当時の市役所ではCSRやSDGsという概念が職員にほとんど知られておらず、いくらその一環であると伝えても、「行政が一企業の利益のために協力することはできない」と言われてしまいました。

こうした壁を突破するには、とにかく何度も交渉し、企画書などを通じて自社の利益のためではないこと、公共の利になるイベントであることを強調していかなければなりません。またお金の動きについても、利益は参加者のものになり、自社には最低限の運営費以外、一切入ってこないと明確に示す必要がありました。

それらを完璧にこなしても、簡単にはいきません。

窓口となった若い職員が理解を示し、上に相談してくれましたが、そこでまた「前例がない」とはねつけられ、同じことの繰り返しになりました。

なんとか認可の方向に動きだしても、「遊具は当日も子どもが使うかもしれないのでその場所は貸すことができない」「1日は長すぎる」「近隣の迷惑になるので大きな音を出すのは困る」などとさまざまな要望や条件がついてきます。これは住民の公益を守るという行政の役割上、ある意味で当然で、申請側としては工夫が求められます。

私たちの場合、最も苦労したのは、駐車場の確保でした。公園の中には車は置けないが参加者の車はどこに停めるつもりなのか、路上駐車が頻発して近隣の方の迷惑にはならないか……これはイベントのたびに言われることです。

駐車場問題は結局のところ、有料のパーキングを利用するか、会場の周辺にある土地をもっている方々に、借りられるようお願いしに行くしか手がありません。

ただ、せっかく出た利益が駐車場代に変わってしまっては、参加者の方々としても不本意でしょうし、福祉イベントとしての効果も薄まります。

そこで勝畑さんに頼んで、公園の近くに駐車場をもっている企業やお店、スーパーマーケット、銀行などに足を運び、1日だけ無料で借りることはできないかと交渉していきました。駐車場を提供してくれた企業は、ポスターや会場に「協賛」として名前を載せることにしていましたが、ほぼ無名のイベントではその効果は限定的です。

それでも、イベントの理念や私たちの思いに共感し、快く駐車場を貸してくれた企業には感謝しかありません。また開催日が休日だったので、銀行など営業していない店舗の駐車場に空きがあったというのも、借りられた理由の一つだと思います。そのほかにも、「公園の3分の2のスペースで行い、5時間で完全撤収する」などと交渉を重ね、ようやくOKをもらえたのでした。

知名度のない中小企業が行政の力を借りるために必要なのは、情熱（パッション）です。役所に何度も足を運び、何を言われても折れることなく、イベントが社会的に意義のあるものであると伝え続けるなかで、行政の側にも少しずつそれが浸透し、物事が動き始めます。

ただ行政の許可を得るのはどうしても時間が必要で、制約も多くなりがちですから、もし自分たちでそれなりに広い土地や駐車場をもっている、あるいは仲間から借りるあてがあるなら、そちらを選択したほうが労力は断然少なくて済むと思います。

志を同じくする企業が、必ず地域にある

企業のCSR活動においては、取り組んでみて分かる壁もある一方で、活動を知り

自ら協賛を申し出てくれるような、思いがけない協力者が現れることもあります。

福祉イベントでいうなら、駐車場を提供してくれた企業はもちろん、第2回から協賛として資金援助を行ってくれている企業もあります。それが明治安田生命です。いわずと知れた大企業ですが、いったいなぜ当時無名のイベントに協賛してくれたのかというと、一つの偶然がきっかけとなりました。

第1回のイベントが終わったタイミングで、私の医院の近所に明治安田生命の事業所ができました。医院の従業員がたまたま同社の保険に入っていたため、営業担当者がその人のところにあいさつに来た際、何げなく「私の職場では、こんな福祉イベントをやっているんです」と雑談のなかで話したそうです。

すると明治安田生命の営業担当者はその情報を社内に伝え、それが所長の耳に入った結果、私のもとに「ぜひ一緒に参加させてほしい」と打診があったのです。

なぜ営業担当者は情報をもち帰り、所長の関心を引くに至ったかというと、もともと明治安田生命では、地域社会への貢献を大切にする文化があり、各事業所にそのための予算もついているとのことでした。ただ、どんな地域貢献をすればいいかは各事業所に一任されており、いわば貢献先を探しているタイミングで、福祉マーケットについて知り、白羽の矢が立ったようです。

なお明治安田生命では、ただ寄付をするのではなく実際に参加することに意義があるとして、所長をはじめとしたボランティア職員たちがおそろいのジャンパーを着てテントの設営から手伝ってくれました。また展示ブースとして血管年齢の無料測定を行い、それも好評でした。そうした地域密着型の活動によってできたつながりが、ゆくゆくは保険会社の事業所の財産になるのは間違いないはずです。

もう一つ、意外かもしれませんが協賛いただいている企業が全国にパチンコ店を展開するマルハンです。

イベントの際には必ずボランティアスタッフを7～8人派遣してくれ、その方たちがテント設営から最後の片付けまで、本当に熱心に動いてくれます。そのうえ、子どもたちが大好きな着ぐるみも用意してくれます。

パチンコ業界の社会的イメージは決していいとはいえません。ギャンブルに対し批判的な人はやはりパチンコ業界も受け入れがたいと思います。

そうした判断は個人の自由ですが、少なくともイベントに来てくれるスタッフの方々が毎回、情熱をもって一生懸命取り組んでくれているのは紛れもない事実であり、本当にありがたく思っています。福祉イベントに出席しても来店客の増加にはつながらないかもしれませんが、地域におけるイメージはかなりよくなっていると私は感じています。ＣＳＲ活動の輪は、そうして参加するさまざまな企業に恩恵をもたらす形になっているのが理想といえます。こうして第2回福祉マーケットは、協賛企業がついたうえで公園で開催され、第1回よりもかなり規模が大きくなりました。

ブースの数は10ほどで、キッチンカーも登場し、数多くの近隣住民が立ち寄っていくなど、すでに地域のお祭りのような雰囲気になっていました。

そして3回目の開催時には、市議会議員や県会議員、地元出身の国会議員の方々も来場してくれました。こちらから招待したわけではありませんが、議員という仕事は地元からの支持や支援が欠かせませんから、地域のイベントに常にアンテナを張っていたのかもしれません。

中小企業の経営をただ続けていても、国会議員とのつながりができることはなかなかないと思います。そうして自社の活動に共感してくれる人が自然に集まってきて、これまでになかった人脈が築けるのもCSR関連イベントの大きなメリットであると感じます。

このようにして回を重ねるごとに参加者が増え、イベントはどんどん大規模になってきました。

最新となる第9回福祉マーケットも大盛況で、来場者も、若者からお年寄りまで幅広い年齢層の方々が集まり、合計すると2000人近くが会場に来てくれました。出店ブースの数は40以上にまで増えました。

パンなどの食品を扱う定番のブースから、オリジナルのはちみつ、自家焙煎のコーヒー豆、自然石を使ったアクセサリーを販売するブースまで、多種多様です。

なおブースを構える福祉施設は、市内だけではなく近隣の市からも応募いただきました。所沢市の市長をはじめ、行政関係の方々にも足を運んでもらい、イベントが次第に地域にとって欠かせないものへと成長していると感じています。

個人的に私が感動したのは、地域の子どもたちがたくさん来場し、障がい者の方々とふれ合っていたことです。

曇りのない心をもった子どもたちは、障がい者に対して偏見を抱えてはいません。実際にコミュニケーションをとり、障がい者も同じ社会に生きる友人であると理解すれば、あとは生涯にわたって偏見や差別をもつことはないはずです。

自治体の「SDGsパートナー制度」を参考にする

イベントの広がりとともに、地域の企業や人々との絆もまた深まっています。それがCSR活動の大きなメリットであり、私にとっても、医院としても、何よりの財産です。

歯科業界はどちらかといえば閉鎖的で、材料の卸売業者や歯科技工所など、取引先の数も限られています。ただ歯科医院を営んでいるだけだと、業界外の人とふれ合う機会はほとんどありません。

しかしイベントを通じて、障がい者とそれを支える施設の人々、明治安田生命をはじめとした地域企業、議員の方々まで、さまざまな業界の方々と接点が生まれました。

これは結果論ですが、イベントをきっかけに顔見知りとなり、自院に通ってくれるようになった患者さんもたくさんいます。例えば飲食店や営業職など、地域の方々が直接のお客様となるような業種なら特に、ＣＳＲ活動を通じて地域にその名を知られることが業績にも好影響を与えるはずです。

また、協賛先を探すことが地域の企業との仲を深めるきっかけにもなります。

大企業のなかには、地域貢献を大切に考えて、そのための予算を各支店につけているようなところがいくつもあります。そうした企業は、いわば地域貢献できる機会を求めているわけで、地域を元気にするようなＣＳＲ活動であれば、積極的に協賛に応じてくれるはずです。

地域に支店を構え、地域社会に貢献したいけれどその方法を模索中という大企業は、周りにきっと一つは存在しているでしょう。もし協賛先を探すなら、例えば埼玉県ではＳＤＧｓに積極的に取り組む県内企業や団体を県が登録する「埼玉県ＳＤＧｓパートナー」という制度があります。なおこの制度は全国各地の自治体で実施されていますから、その名簿を見れば、志を同じくする企業が見つかるかもしれません。そんな企業と出会えたなら心強いパートナーとなりますから、最初から「どうせ大企業は興味をもってくれない」などとは考えずに、思い切って飛び込んで相談してみるといいと思います。そして単独ではできなかったこともいくつかの企業が集まれば、コラボレーションにより何か新たなアイデアや事業が生まれる可能性もあります。

そのほかに、イベントによって地元金融機関との関係がよりよくなれば、いずれ事業にもプラスになります。

福祉マーケットにおいても、埼玉りそな銀行の支店に障がい者の方から公募した福祉マーケット用のポスターの原案を貼らせてもらうなど、協力していただいていますが、その縁から支店長とも顔見知りになりました。私が所用で銀行に行く際にも必ずわざわざ奥から出てきて笑顔であいさつに来てくださいます。

一般的に考えて、金融機関が融資を検討する際、同じような条件の企業なら地域貢献を掲げる企業を優先するのは明らかです。経営者の顔や人間性が分かっているなら、さらに安心できると思います。

一つの取り組みの成功が、さまざまな社会貢献に発展

こうしてイベントを通じさまざまな縁が生まれ、その規模はどんどん大きくなってきたのですが、実は私は最初からイベントを大きくしたいと思っていたわけではありません。

初めてイベントに参加した人が、楽しかったからと次回イベントに友人や知人を誘ってくれたり、参加企業が同業種の会社にも声を掛けてくれたりして、輪が自然と広がっていきました。

元はといえば小さな駐車場に机を出して始めたイベントがなぜこれほどの広がりを見せたか、その理由は「参加すると楽しい」という点に尽きると思います。

終了後に「やってよかった、次回もぜひ参加したい」と感じてもらっているからこそ、参加者が増え続けているのでしょう。私自身も、大人の文化祭をやっているような感覚で、毎回全力で楽しんでいます。

ＣＳＲ活動全般にもいえますが、継続するためにはやはり自分たちも楽しみながら取り組めるものでなければいけません。

したがって経営者は、あらかじめ従業員や地域住民、協賛企業など、活動に関わるすべてのステークホルダーが楽しめるような工夫を施すのが大切です。

イベントなどは、日々の業務の合間をぬって準備を進めることになりますから、繁忙期などにはなかなか大変かもしれません。しかしそれを乗り越えて開催し、人々が楽しむ様子を見れば、きっと「やってよかった、次回もまたやりたい」と思うはずです。

そのようにして継続していくことで、企業の社会的評価も着実に上がっていくのは間違いありません。

実際に私の歯科医院は、ＣＳＲ活動が評価され、令和5年度「ＳＡＩＴＡＭＡ社会貢献賞」を受賞しました。

埼玉県は、埼玉版ＳＤＧｓの一環として「ＳＡＩＴＡＭＡ社会貢献プロジェクト」を実施し、毎年特に優れたＣＳＲ・社会貢献活動を行った県内企業・団体を表彰しています。なお令和5年度の受賞メンバーは、有名プロサッカーチームやホテル、大企業などそうそうたる顔ぶれでしたが、そこに一介の中小企業にすぎない私の歯科医院が選ばれたのは、とても意義のあることだと感じます。

資本力や人材力に劣る中小企業であっても、無理のない範囲でこつこつと積み上げていけばいずれ山をも動かす効果的なCSR活動ができるのです。

なお私の歯科医院の活動で評価されたのは、福祉マーケットの開催に加え、そこでできた横のつながりから、「子ども食堂」など新たな取り組みが生まれたという点でした。

ちなみに子ども食堂は、家庭の事情を抱えた地域の子どもたちに食事と居場所を提供する試みで、隔週土曜日、コロナ禍の影響で来店客が減ってしまっていた居酒屋の店舗で開催していました。

福祉イベントを通してつながった人脈で居酒屋の店主を紹介してもらい、ボランティアで場所と料理の提供をしてくれることになったからこそ実現しました。なお紹介してくれた人も福祉に熱心で、不登校児のサポートを手掛けており、子ども食堂で行うゲームなどのプログラムをともに開発してくれました。

さらには、やはりイベントがきっかけで縁ができたいくつもの高校や大学のボランティアサークルから、学生たちがボランティアにやってきてくれ、運営の大きな力となりました。子ども好きな彼ら彼女らは、クリスマスの宝探しなどイベントを考え、実行してくれるなど積極的に関わってくれました。彼らもまたコロナ禍でイベントがことごとく中止になり、ボランティアを行う場所を探していたのです。

諸事情により子ども食堂は現在、一時閉鎖中なのですが、新たな形でスタートさせるべく、アイデアを練っているところです。

ＣＳＲ活動としても、子ども食堂は中小企業でも比較的、実践しやすいものかもしれません。もし興味があれば、自社の食堂に子どもたちを招いて社食をふるまってみてはどうでしょう。「子ども」と名がついていますが対象は子どもだけでなく、社会的弱者全体から必要なニーズを探してみるといいと思います。

こうした福祉イベントを柱とするＣＳＲ活動に加え、私は本業でも社会貢献を行っています。

子どもたちの夏休み期間中に毎年、開催しているのが「歯科医師体験教室」です。

5～12歳を対象に、歯科医院の名札をつけ白衣を着てもらい、実際に模型の歯を削ったり、埋めたりと歯科医師の仕事を体験できるイベントとなっています。

もう10年以上も取り組んできたことで、地域の子どもたちの夏休みの思い出づくりに協力するのに加え、子どもにとって「怖い場所」と認識されがちな歯科医院に親しんでもらいたいという思いがあります。また参加を通じて歯科業界に興味をもち、将来的に歯科医師や歯科衛生士などの道へと進む子どもたちが一人でも増えたら幸せです。

また、地域の人々の「口腔ケア教室」も私が長年続けてきた活動の一つです。地域包括支援センターなどの各種施設から依頼を受けて、口腔ケア教室を無料で開催しています。地域住民はもちろん、介護を必要とする方々や実際に介護を行う介護・福祉職に向けても実施し、要望があれば出張講義も行っています。

本業に関わる貢献こそ、まさに企業の社会的責任であり、これからも地域の一員としてやるべきことをしっかり担っていきたいと考えています。

求める人がいる限り、CSR活動を継続していく

当然ながら私たち以外にも、社外に向けたCSR活動に力を入れている中小企業はいくつもあります。

宮城県のフタバタクシーは、介護タクシーで注目を集めているタクシー会社です。なぜこのような事業を行っているのかは、同社の成り立ちとも関係しています。東北大学病院の向かいで創業して以来、60年以上にわたって患者の移送を担ってきており、医療機関とのつながりが深かったのも、介護タクシーを手掛けてきた理由の一つだと思います。

介護タクシーは、目的地まで運んで終わりというものではありません。利用者を車いすに乗せたり、施設到着後にベッドに寝かせ、看護師に引き継いだりする必要があります。また車両も一般車ではなく福祉車両でなければいけません。

同社ではドライバーの9割が介護職員初任者研修の資格をもち、所有する車両のう

ち約半数が福祉車両であるといいます。

現在、介護タクシーを取り巻く環境は決していいものとはいえません。２０００年の介護保険制度の開始により、介護タクシー事業への参入が相次いで市場は成長しましたが、２００３年には制度改正で報酬単価が約半分に削られて一気に採算が合わなくなりました。

そこで撤退していったタクシー会社は数多くあり、今でも介護タクシー事業の運営は楽ではないはずですが、同社は踏みとどまり、むしろ磨きをかけています。

「儲かる・儲からないという物差しで、この事業を辞めるわけにはいかない。私たちを必要としている人が地域に一人でもいる限り、この事業を続けていく」というのが同社の姿勢であり、これこそCSR活動のあるべき姿であると感じます。

また同社では、子育てタクシーにも注力しています。妊婦や乳幼児を連れた母親の外出のサポート、塾や学童保育への子どもの送り迎えなどに積極的に取り組んできました。

なお介護タクシーや子育てタクシーについて、その利用料金は一般のタクシーとほとんど変わらないといいます。

そうして本業を活かして弱い立場の人々を支え、地域に貢献するＣＳＲ活動の在り方から学ぶべきことは多いです。

今後、人口が減り市場が縮小していくなかで、介護や子育て支援といったタクシーの在り方は、生き残るための一つの鍵となり得ます。タクシー業界の未来を担うＣＳＲ活動といえるかもしれません。

企業活動とＣＳＲ活動が一体化するのが理想

東京都に本社を置き、全国に保険薬局を展開するクオールは、さまざまなＣＳＲ活動に取り組んできた会社です。「社会保障費の一部を収益の源泉とする会社として、経済的価値の追求だけでなく、社会的価値の還元も大切な使命である」という創業者の思いを原点に、店舗周辺の清掃活動、地域の災害対策への支援、資源リサイクル運動など、多岐にわたる活動をしています。

なかでも同社らしいCSR活動といえるのが、従業員に薬剤師などの医療従事者が多いという利点を活かした、医療関連の取り組みです。

地域に向けては、セルフメディケーション（自分で病気や症状症候を判断し医療製品を使用すること）の啓蒙を目的に、クオールの薬剤師が健康・医療をテーマにさまざまなセミナー・イベントを開催、簡易血液検査・血圧測定などを実施して地域の健康増進に貢献しています。

地域の育児をサポートするために、薬剤師、医師、行政などと連携し、「子どもへの薬の飲ませ方」「子どもの病気」「お薬の誤飲防止」「離乳食の作り方」といったテーマで講義を実施しています。

薬局では、認知症の方々とその家族をメインに地域住民、医療従事者までを対象としたカフェを主宰し、交流を通じて病気の予防や症状の悪化を防ぐ活動を行っています。

新型コロナウイルス感染拡大の際には、感染防止のためワクチン接種の促進を図り、また地域医療への負担を軽減するために、全国の各自治体等と連携して薬剤師による接種業務のサポートを展開、各自治体等からの協力要請に迅速に対応する体制を整えてきました。

加えて、夢の実現が病気と闘う大きな力になるとして、難病と闘う子どもたちの夢をかなえる活動も支援し、チャリティーイベントへの参加や、店舗や事務所への募金箱の設置などを実施しています。

このように社外だけではなく、社内に向けてもCSRの概念を打ち出し、さまざまな施策をしています。女性社員が7割を占める職場で、より女性が活躍するための研究会を発足させるなど、まさに企業活動とCSR活動が一体化しており、今後の日本の中小企業の在り方を考えるうえでも大いに参考になりそうです。

第5章

CSR活動は
企業も地域も元気にする
地域に欠かせない企業として
さらなる成長を目指す

未来のCSR活動のフックとなり得る社会的課題

今後、CSR活動を実践しようと考えるなら、幅広い企業で取り組むことができそうな社会課題はいくつもあります。

まず、これからのCSR活動において欠かせない要素が、「環境問題」です。今、世界中で進んでいる取り組みとしては、地球規模の課題である気候変動への対応が挙げられます。

化石燃料の燃焼などによって温室効果ガスの大気中濃度が増え、地球の気温は上昇を続けてきています。その影響は自然界に表れ、生態系のバランスが崩れたり、氷河が溶けて海面が上昇したりと、さまざまな現象が起きています。

この問題は以前から指摘されてきました。1992年の時点で国際会議が行われ、二酸化炭素やメタンといった大気中の温室効果ガスの濃度の安定化を目標とする気候変動枠組条約が採択されています。さらに1997年には、京都で開催されたCOP3

（気候変動枠組条約第3回締約国会議）において「京都議定書」が策定され、先進国に対し温室効果ガスの排出量削減の具体的な数値目標が示されました。

ただ、アメリカの不参加や発展途上国に削減目標が課せられていないなど課題も残り、温室効果ガスの削減はなかなか進んできませんでした。

その後、大きな転機となったのが２０１５年のＣＯＰ21であり、京都議定書の後継として新たに採択された「パリ協定」です。

京都議定書では一部の先進国にのみ温室効果ガス排出削減が求められていましたが、パリ協定では気候変動枠組条約に加盟する１９６カ国すべてが削減目標をもって参加することがルール化されました。世界共通の長期目標として、世界的な平均気温上昇を産業革命以前に比べ２℃以上低く保つとともに、1.5℃に抑える努力を追求することや、21世紀後半には温室効果ガスの排出を実質ゼロにすることなどが掲げられ、世界全体が長期的な視野で目標達成を目指すものでした。ここから、温室効果ガスのなかでも温暖化への影響が最も大きいとされる二酸化炭素の削減に注目が集まるようになり、「脱炭素社会」という言葉が次第に広まっていくことになります。

脱炭素というと、自動車メーカーによる電気自動車の開発など大企業の専売特許という印象があるかもしれませんが、中小企業でもできることはたくさんあります。例えば事業で使用するエネルギーを削減したり再生可能エネルギーに切り替えたりすれば、事業を通じ発生する二酸化炭素の量を減らせるため、脱炭素の取り組みとなります。

再生可能エネルギーとは、太陽光や風力、水力、地熱、バイオマス（生物由来の再生可能な有機資源）など自然由来のエネルギーであり、脱炭素社会を目指すうえで欠かせない存在といえます。例えば現在の日本で使われる電気の7割を生み出しているのは、化石燃料を燃やしてエネルギーを得る火力発電であり、その結果として大量の二酸化炭素が発生しています。仮にこれをすべて再生可能エネルギーに置き換えることができたなら、その効果は絶大です。

ＳＤＧｓの目標7「エネルギーをみんなに、そしてクリーンに」では、２０３０年までに世界のエネルギーのうち再生可能エネルギーの割合を拡大させることがターゲットとして定められています。日本では２０１２年に施行された再生可能エネルギー特別措置法により、再生可能エネルギーの固定価格買取制度（ＦＩＴ）が始まったのが一つの転機といえ、全国的に再生可能エネルギーを取り扱う事業者も増えました。

また、企業が使う電力を将来的にすべて再生可能エネルギーに切り替えることを目指す国際的なイニシアチブである「ＲＥ１００（Renewable Energy 100%）」も、世界に広まっています。Ｇｏｏｇｌｅ、Ａｐｐｌｅ、ＩＫＥＡ、ＢＭＷ、Johnson & Johnsonなど、多くの世界的企業が参加し、日本からもリコー、積水ハウス、富士通、ソニーなどそうそうたる顔ぶれが加盟しています。ただしその参加要件を満たすのは大企業でなければ難しかったため、中小企業には縁遠いものとなっていました。

そこで２０１９年に、ＲＥ１００の中小企業版といえる「再エネ１００宣言 RE Action」が日本で発足しました。これにより中小企業や自治体、団体などがＲＥ１００と同等の宣言を行えるようになり、参加数は順調に伸び続けています。

また経済産業省所管の独立行政法人中小企業基盤整備機構では、中小企業に対し脱炭素の実現に向けた支援を行っています。こうして中小企業が脱炭素に取り組むための環境がどんどん整ってきています。なお同機構が運営するサイト「J-Net21」では、「カーボンニュートラル実現に向けたチェックシート」として、自社の取り組みを確認できるセルフチェックシートが掲載されていますから、一つの参考にするといいと思います。

海洋プラスチック問題から考える、リサイクルの取り組み

地球温暖化への対策に加え、もう一つ注目を集めている環境問題が、海洋プラスチックごみ問題です。

全世界のプラスチックの生産量は増加の一途をたどってきており、1950年代に比べ200倍にも増えています。2022年での生産量は4億3000万トンとも推定され、2040年までにはここからさらに2倍に増えるとの予想もあります。

そうして生産されたプラスチックのうち、毎年800万トンから1200万トンがごみとして海に流れ込み、世界中を漂っています。プラスチックごみは海洋ごみの約70%以上を占め、このままでは2050年までに海の中に存在するプラスチックの重量が魚の重量を超えるかもしれないともいわれています。プラスチック類は分子レベ

ルまで自然に分解されることはほとんどありませんが、野外では紫外線にさらされて劣化するなどして細かく割れ、５ミリメートル以下のマイクロプラスチックになります。

そしてマイクロプラスチックは、海中に漂うダイオキシン、ＤＤＴ、ＰＣＢといった有害な化学物質を取り込みやすく、有害物質の運び屋として海を汚染する可能性があります。もし海の生物がマイクロプラスチックを食べてしまうと、炎症や摂食障がいにつながる恐れがあります。また、マイクロプラスチックを摂取したプランクトンを小魚が食べ、それを中型の魚が捕食し、さらに大型の魚が食べ……という食物連鎖を通じ、有害な化学物質の生物濃縮（生物の体内に取り込まれた物質が、蓄積して外界よりも高濃度となる現象）が行われて人間が食べる魚にその影響が表れる懸念もあります。

プラスチックごみの排出量の削減を目指し、日本では２０２０年にレジ袋の有料化が義務化されました。海外でも、例えばＥＵではプラスチック製ストローや皿など海岸で見つかる10種の使い捨てプラスチック製品の使用禁止など、対策が行われています。ただし、日本においてレジ袋の有料化の効果に限界があるように、各国の対策はまだまだ十分とはいえず、さらなる取り組みが求められているのが現状です。「海洋プラスチックごみ問題」という世界規模の課題で語ってしまうと、中小企業でできることなどないように感じる人もいるでしょうが、実はこの課題は中小企業が最も取り組みやすいものの一つといえます。

海洋プラスチックごみのもとであるプラスチックの利用を組織的に減らせば、それで環境保護に貢献できるからです。

日常的に消耗する事務用品のうち、プラスチック製品を再利用可能な代替品に置き換えたり、ペットボトル飲料を買わずマイボトルの使用を推奨したりと、プラスチックの使用量を抑える取り組みは、比較的容易にできると思います。また、ペットボトルの蓋を分別してリサイクルに回すなど、ごみを捨てる際にもやれることがあります。

なおこうした取り組みは、当然ながら従業員の理解がなければ組織を挙げて進めることはできません。そして、関心や知識のない人に対しては、いきなり行動を求めても反発は必至です。

まずは従業員にCSRについて学ぶ機会をつくり、それがいかに意義のあることか、会社の業績とどのようにつながる見通しかなどをしっかりと伝えたうえで、その教育の一環として、ごみ問題を取り上げ協力を要請する、というような手順が必要になるでしょう。

生物多様性を守ることで成り立つ、社会活動

地球環境保護の文脈において、もう一つ忘れてはならないキーワードが生物多様性です。

地球にはさまざまな生物が存在しています。同じ種のなかでも遺伝情報が異なる生物、また特定の地域に動物、植物、菌類などが共存した生態系がつくられています。ただ近年、いくつもの生物の生存環境が脅かされ、絶滅危惧種が増加しています。そうして生物多様性が失われていくことが、国際的に問題視されているのです。

その理由は、一つではありません。

農地開発のために森林が大規模に伐採され、森林に依存する多くの生物種が生息地

を失っています。

また単一作物の大規模農業が自然界のバランスを崩し、遺伝的多様性の低下を招いています。

都市化に伴う道路や橋、水道などのインフラ建設や観光地開発なども、そこに住んでいた生物が駆逐される原因となります。

水質や大気、土壌の汚染も、生物に有害な影響を与えています。動物、植物、海洋生物などの乱獲は、特定の種の絶滅を引き起こし、生態系全体のバランスを崩します。そのほかに、人間により持ち込まれた外来種が在来種に悪影響を与え、従来の生態系が壊れるのも、多様性の喪失につながります。

このような事象の大元となっているのが人間の活動であり、特に企業活動が及ぼしている影響が大きくなっています。

とはいえ、なぜ中小企業が生物多様性の保護に取り組む必要があるのか、いまひとつ理解できない人も多いと思います。

実は生物多様性は、あらゆる企業活動と密接に関わるものです。

多様な生態系があることで、文明社会を支える原材料や、豊富な食料を得ることができます。

森林は、二酸化炭素を吸収し、水を浄化し、土壌の栄養を保ってくれます。農作物を食い荒らす害虫が爆発的に増えないのも、それを捕食する生物がいるおかげです。多くの医療品や化粧品は、さまざまな生物から得られる化合物から作られています。多様な自然の在り方に人は安らぎを感じ、海や山に出かけます。

このように挙げていくと、必ずどこかで自社のビジネスとつながってくるでしょう。多様な生物たちがいるからこそ、今の事業が成り立っていると分かるはずです。

生物多様性がもたらすこうした恩恵は、生態系サービスと呼ばれています。そして近年、生態系サービスが経済に与える影響が非常に大きいことが分かっています。

したがって中小企業であっても、生物を脅かすような負荷を限りなく減らし、多様性を守っていくのが大切です。

地域に生息する生物たちに配慮し、環境負荷を抑えた製品やサービスの設計、サプライチェーン（原材料の調達から製造、流通、消費されるまでの一連の流れ）の見直し、地域コミュニティと協力した生態系保護のプロジェクトなど、自社でできることがあれば、積極的に取り組んでほしいと思います。

サプライチェーン全体に問われるCSR

現代においてCSRは1社のみの問題にとどまらず、サプライチェーン全体にまでその責任が問われるようになっています。

日本の中小企業の半数近くは、大企業の業務を支える下請け仕事を請け負っていますが、仮に頂点に君臨する親会社がCSRに関する問題を抱えたなら、その波紋は中小企業にまで及ぶ可能性が大いにあります。逆もしかりで、中小企業の問題が親会社の事業を揺るがす事態にまで発展するケースもあり、それを予防すべく親会社がサプライチェーン全体のコントロールに乗り出せば、中小企業の経営にも影響が出てきます。

世界最大の家具販売会社であるＩＫＥＡ社は、ボルネオやロシアなどの森林から木材を調達し、アジアや東欧の労働賃金の安い国に製造工場を構えています。それで低コスト高品質の家具やインテリアを販売しているわけですが、そのビジネスモデル上、環境破壊や労働問題の批判にさらされやすいため常にステークホルダーに気を配ってきました。

そんなＩＫＥＡ社が労働問題についての指摘を受けたのは、１９９２年のことでした。スウェーデンのドキュメンタリー番組が、織物工場で鎖につながれて働く子どもたちのショッキングな映像を放映し、この工場の顧客がＩＫＥＡ社であると指摘したのです。

それに対しＩＫＥＡ社はいち早く行動に出ました。問題の工場との契約を直ちに打ち切るとともに、すべての契約において児童労働を禁じる条項を入れ、いくつかの国の工場について監視する体制をつくりました。以降もたびたび児童労働の問題が指摘されましたが、その都度現地調査を行い、改善策を打ち出しました。

その一方で、児童労働の問題の本質は国の貧困や教育にあると見抜き、ユニセフやＮＧＯへの寄付も行ってきました。

児童労働問題にとどまらず、ＩＫＥＡ社では環境ＮＧＯによる指摘を受ければ直ちに友好的に話し合い、その団体の要望を実現するなどの対応をとってきました。それらはグローバル企業におけるリスクマネジメントの、一つの見本といえます。

そしてこのようなリスクマネジメントは、サプライチェーン全体にわたるステークホルダーへの協力要請や監視があってこそ成り立つものです。これをＩＫＥＡ社に連なる関連会社の側から見れば、取引を行うなら自社も必然的にＩＫＥＡ社のＣＳＲの担い手となるということです。

そのほかに、アメリカでは世界最大の小売チェーンであるウォルマート社が、ＮＧＯのキャンペーンに参加する形で１９９８年に協定を締結、ウォルマート社に商品を供給するすべての事業者に対して適用する方向にかじを切りました。

この協定項目は、適切な労働時間や残業への補償、児童労働の禁止、労働環境の整備といったＣＳＲと密接に紐づいたものとなっており、サプライチェーン全体でＣＳＲ活動を行うという宣言に等しいものでした。それによりウォルマート社と取引している星の数ほどの事業者が大きな影響を受けたのは、想像に難くありません。

こうした潮流は現代においても受け継がれ、グローバル企業の多くは、自社が先導するＣＳＲへの取り組みを取引先にも求め、それをもって社会貢献やリスクマネジメントを行っています。今後、グローバル化がさらに進めば日本の中小企業も無関係ではいられませんから、先手を打って今のうちにＣＳＲを理解、実践しておくのが大切であると私は考えています。

児童労働問題の背景にある、貧困

続いて、人権と関わる社会的課題についてです。

日本ではなかなか考えられないかもしれませんが、世界で最も問題となっている人権問題の一つに、児童労働があります。

児童労働は法令違反であるのに加え、国際社会では企業の社会的責任において取り除くべき課題という位置づけです。

ＩＬＯ（国際労働機関）などによる世界の児童労働者数の推計では、２０２１年の時点で約1億６０００万人の子どもが児童労働に従事していると報告されています。

この推計が正しいなら、世界の5歳から17歳の子どもの10人に1人以上が、不法な労働に従事していることになります。

先ほど、ＩＫＥＡ社による労働トラブルでも解説したとおり、児童労働は事業活動において大きなリスクであり、「知らなかった」ではすみません。日本の中小企業のなかには、海外の工場からコストを抑えて仕入れをしているところもあると思いますが、もしその取引先が子どもたちを働かせ、それがＮＧＯやメディアなどに摘発されたなら、自社の信用にも大きく関わります。海外との取引にあたっては、よほど慎重に見極めなければなりません。

そして児童労働問題の背景にあるのは多くの場合、貧困です。世界の貧困は深刻であり、特に低所得国や発展途上国で顕著です。世界銀行のデータによれば、２０２１年には約7億人が1日１・90ドル未満で生活していると推計されています。これは世界人口の約９・２％に相当します。新型コロナウイルスによって多くの国では経済が後退し、貧困をさらに悪化させたと見られています。

貧困の状態にあると、そこから自力で抜け出すのは難しくなっています。失業状態や低賃金労働では、自らの子どもに教育どころかその日の糧を与えるのすら厳しいです。そこで健康状態が悪化すれば、さらに働くことが困難になります。

このような問題に対し、ＳＤＧｓでは「あらゆる形の貧困を終わらせる」として、２０３０年までに、極度の貧困にあたる1日2・15ドル（２０２２年9月更新）未満で生活するすべての人々の割合をゼロにする、各国の定義に基づいてあらゆる次元での貧困を少なくとも半減させる、特に貧困層や脆弱《ぜいじゃく》層の人々を対象に、適切な社会保護制度や対策を実施し、社会保護のカバー率を拡大する、などのターゲットを設けています。

今後も国際社会は歩調を合わせ、貧困撲滅に取り組んでいくことになります。

このような課題を受けて日本の中小企業は何ができるのかというと、寄付以外にも貢献する方法はあります。

貢献を考えるうえでの一つのキーワードとなるのが、フェアトレード（公正取引）です。生産者に公正な価格を支払い、労働条件を改善し、持続可能な生産方法を支援する国際的な運動であるフェアトレードは、特に発展途上国の小規模農家や労働者に焦点を当てたものです。その認証を受けた製品には、コーヒー、カカオ、バナナ、綿花などがあります。

フェアトレードでは、生産者に対し市場価格に基づく最低価格（フェアトレード価格）を保証します。これにより農産物の価格変動による収入の不安定さが軽減されます。またフェアトレード認証を受けた生産者には、フェアトレード・プレミアムと呼ばれる追加の資金が提供されます。この資金は、地域社会の発展に使われ、教育、医療、インフラ整備などに投資されます。

そしてフェアトレードでは、児童労働や強制労働を禁止し、安全で健康的な労働環境を提供することが求められます。環境に優しい農業方法を奨励し、持続可能な生産を促進しており、長期的に生産者の生活環境が守られる仕組みです。

ただ、フェアトレード製品の市場が限られているため、すべての生産者がフェアトレードの恩恵を受けられるわけではありません。

今後、さらにフェアトレードを広めるためには、日本の中小企業もフェアトレード製品の仕入れや販売を通じて、生産者に公正な価格を支払わなければなりません。

事業においてフェアトレードを行うことは紛れもなくCSR活動の一つといえ、児童労働問題や貧困の撲滅の一助となるものです。

D&Iの実践が経営にもたらすメリット

今後の世界の在り方に関わる重要な概念として、「ダイバーシティ」があります。ダイバーシティとは多様性を意味し、特に組織や社会においてさまざまな背景や特性をもつ個人の存在を示すものです。

例えば性別なら、男女に加えLGBTQ＋という多様な形があります。LGBTQ＋とは、レズビアン（女性同性愛者）、ゲイ（男性同性愛者）、バイセクシュアル（異性や同性に対して愛や性的魅力を感じる人）、トランスジェンダー（生物学的な性別とは異なる性自認をもつ人）、クエスチョニング（性的指向や性自認について探求中の人）の頭文字をとったもので、さらに多様な性的マイノリティの人々を加える意味で「＋」の表記がついています。

そのほかにも年齢、障がいの有無、人種や民族、宗教や信仰などといった特性が融合して個人を形成しています。

欧米諸国に比べ歴史的に異文化の流入が少なかった日本では、これまで他民族の定着を望まない排他性がありました。しかし現在では、外国からの観光客が各地に押し寄せ、また多くの外国人が職を得て働いており、昔に比べ外国人の姿を見る機会が格段に増えたと思います。

これは中小企業にとっても、今後を占う極めて重要な変化です。

人口構成比から考えても、近い将来、日本の人口は大きく減ります。総務省の推計によると、総人口は2050年には9515万人となり、ピーク時であった2008年の1億2808万人から半世紀も経たずに3293万人も減ることになります。また高齢化率も約40％にまで上昇し、経済を支える15～64歳の生産年齢人口の割合も下がります。

つまりこのままでは、あと25年も経たずに現在の経済活動ができなくなるのは間違いないといえます。その衰退に歯止めをかけるには、ひとまずほかの国の人的資源に頼らなければならないのは動かしがたい事実です。

したがって今後は、中小企業においても外国人の雇用が当たり前になっていきます。いかに外国人とうまくコミュニケーションがとれるかが、人事面での大きな課題となるはずです。

そこで求められるものこそ、ダイバーシティへの理解であり、さらにはそれを積極的に受け入れ、尊重し、交流する（インクルージョン）ことができるかも問われます。外国人だけではなく、高齢者や障がい者など、あらゆる人々と手を取り合って進まなければ、中小企業の経営は難しくなるでしょう。

中小企業がD＆Iについて理解、実践することで、事業にもいくつものメリットがあります。

まず、多様な背景や視点をもつ従業員が集まることで、新しいアイデアや解決策が生まれやすくなり、革新的な製品やサービスが開発される可能性が高まります。また多様な従業員の存在により、幅広い顧客ニーズに対して効果的にアプローチできるようになります。世界市場においても異なる文化や背景を理解すれば、新たな市場に参入する際の障壁を低減できます。

ダイバーシティを重視する組織では、従業員が自分の個性を尊重されていると感じ、仕事に対する満足度が高まる傾向があり、離職率の低下や生産性の向上にもつながります。大きな課題である人材獲得においても、多様な人々を受け入れることでより広範な人材プールから優れた人材を確保できます。

中小企業では今後、間違いなくD&Iの実践が求められるようになります。一刻も早く取り組み、組織の在り方を時代に合ったものに変えていくべきだと思います。

多様な背景をもつ人々を受け入れる

実際に多様な背景をもつ人々の雇用を考えるにあたっては、それぞれの特性や、それを取り巻く社会環境についてより詳しく知っておきたいところです。ここでは代表的な4つの多様性を挙げます。

【性別・性的指向】

日本は世界に比べ女性が活躍できる舞台が少なくなっています。

世界経済フォーラム（ＷＥＦ）が２０２１年に発表した、国別の男女格差を数値化した「ジェンダーギャップ指数」で、日本は世界１５６カ国中１２０位、主要先進7カ国では最下位でした。諸外国と比較すると、女性人口に占める女性就業者の割合（51・８％）は大差ないものの、管理的職業従事者に占める女性の割合（13・３％）は低い水準にとどまりました。また、上場企業の女性役員の割合は10・７％と、諸外国と比べて著しく低くなっています。

性的マイノリティ（ＬＧＢＴＱ＋）については、日本ではそれを公言することさえはばかられる空気があり、中小企業に向けた就職活動で個性として申告するようなケースはまずないでしょう。

日本も含め、世界30カ国の成人2万２５１４人に行われた「イプソスＬＧＢＴ＋プライド２０２３」という調査では、「ＬＧＢＴ＋を自認する人口の割合は平均で約８％である」と示されています。ただ、実際にはより多くの性的マイノリティ層がいると考えられます。例えば1位のブラジルでは、ＬＧＢＴ＋の割合が14％でしたが、その理由として同国では性的マイノリティを保護する法的整備や差別の撤廃が進んでいることが挙げられます。同性婚の容認も進み、マイノリティに対する差別的行為には罰金が科されるなど、性的マイノリティがより暮らしやすい社会へと変貌を遂げつつあるのです。だからこそ、調査において自らをＬＧＢＴ＋であると明確に自己識別する人が平均より多くなったといえます。

一方の日本はどうかというと、ＬＧＢＴ＋の自己識別率の割合は４％で、調査を行った30カ国のなかで29位でした。この数字を通じ、日本ではいまだ社会的な偏見が根強く残り、法的な保護が不十分で教育や情報も不足しているという実態が浮かび上がってきます。ＬＧＢＴＱ＋に対する偏見は、どちらかといえば高齢者に強く見られる傾向があり、今後も高齢化が進んでいく日本において性についての新たな価値観がどこまで受け入れられるか、世界が注目しています。

そうした社会的風潮は、企業経営という観点でいえばチャンスであると私は感じています。性的マイノリティという多様性を積極的に受け入れ、働きやすい環境をつくることで、中小企業でも新たな個性や才能をもった優秀な従業員が獲得できる可能性が高まるからです。

性的マイノリティにあたる人々が働きやすい職場をつくるうえでの入り口であり、絶対条件といえるのが、従業員に対する教育です。一人ひとりがＬＧＢＴＱ＋について理解し、多様な在り方を受け入れることが差別撤廃につながります。

【年齢】

２０２５年度までの間に、年金の支給開始年齢が65歳に段階的に引き上げられてきました。それとともに高年齢者雇用安定法が改正され、企業に対しては65歳までの継続雇用義務が強化され、さらには段階的に70歳までの雇用確保が求められるようになりました。希望に応じ定年後の再雇用や定年延長の措置も義務化され、パートタイムやフレックス勤務など多様な雇用形態を用意することが推奨されています。

そうして高齢者が長く働ける社会にすることで、生産年齢人口の減少による労働力不足の軽減が期待されています。

高齢者と若者がともに働くのが当たり前の世界がすぐそこまできているわけですが、高齢者に対する偏見や差別といった問題が起きる可能性もあり、企業としては年齢による多様性を受け入れ従業員が安心して働くことができる環境を提供する必要があります。

ＣＳＲの観点でいっても、高齢者の雇用によるメリットはあります。労働力不足の解消はもちろん、高齢者が社会に参加し続けることで孤立を防ぎ生きがいにつながるほか、地域のコミュニティの活性化にもつながります。また特定求職者雇用開発助成金など、高齢者の雇用を支援するための制度はいくつかあり、活用すれば企業は経済的な負担を軽減しつつ、社会貢献ができます。

【障がい者】

内閣府の２０２３年度「障害者白書」によると、障がい者の総数は１１６０・２万人で、全人口比では９・２％となっています。日本における障がい者の区分は「身体障がい者」「知的障がい者」「精神障がい者」の３つであり、その内訳は次のとおりです。

身体障がい者：約４３６万人
知的障がい者：約１０９・４万人
精神障がい者：約６１４・８万人

この統計は毎年発表されるものですが、障がい者の数は年々増加しています。２０２０年から推計方法を変更したため単純比較はできませんが、増加の理由の一つに精神障がい者の増加があり、ここ5年間で40万人ほども増えています。

このように増え続ける障がい者の社会的な自立を支えるには、国や企業が雇用の場を整備する必要があります。

公的な労働の手段としては、障害者総合支援法で定められた就労事業所で働くことがありますが、前述のとおりその工賃はとても生活できるレベルにはなく、それで自立を果たすのは現実的とはいえません。

さらには、障がい者が働きながら技術や知識を身につける就労事業所が２０２４年

3月から7月の間に、全国で329カ所も閉鎖されました。働いていた障がい者のうち少なくとも約5000人が解雇や退職となり、わずか5カ月でこれまでの年間解雇者数の過去最多記録を塗り替えています。こうして大規模な解雇が行われた背景には、公費頼りの就労事業所の経営改善を促すため、国が収支の悪い事業所の報酬引き下げを発表、実施したことがあります。

閉鎖が相次いでいるのは、障がい者と雇用契約を結んで最低賃金以上を支払いつつ、生産活動や職業訓練をする「就労継続支援A型事業所」です。そして閉鎖されたA型事業所のうち4割強が、最低賃金が適用されないB型事業所に移行したといいます。

障がい者の雇用環境は、かつてないほど厳しさを増しているといえます。

そんななか、企業が雇用の受け皿となるのが、最も重要な支援といえます。

障がい者雇用は、本来であればあらゆる企業が積極的に取り組むべきものです。国は民間企業に対し、全従業員のうち2・5%以上の割合で障がい者を雇用するよう、障害者雇用促進法によって義務付けていますが、その対象となるのは常時40人以上の従業員を雇用している企業であり、該当しない中小企業も多数あります。特に小規模事業者の場合、障がい者雇用といっても、自社には関係のないものとして積極的には取り組んでこなかったかもしれません。

厚生労働省のデータによると、２０２３年度における民間企業の雇用障がい者数は64万２１７８人であり、前年から2万８２２０人増加し、20年連続で過去最高を更新しています。民間企業に雇用されている障がい者数を、障がいの種類別に見れば身体障がい者が36万１５７・５人、知的障がい者が15万１７２２・５人、精神障がい者が13万２９８人で、特に精神障がい者の伸び率が大きくなっています。

一方で、法定雇用率を達成している企業の割合は50・１％にとどまり、いまだ半数の企業は障がい者雇用に本腰を入れていないという見方もできます。障がい者雇用を、「企業の義務」ととらえると、どうしても腰が重くなってしまいがちです。しかしCSR活動という文脈で考えるなら、繰り返し述べてきたCSR活動のメリットが、障がい者雇用により実現していくのですから、積極的に取り組む理由となるはずです。

障がい者雇用を行うと、福祉施設をはじめとした地域の人々との間に、新たな絆が生まれます。なかには自社のファンになる人もいるでしょう。そうした地域とのつながりは、中小企業にとって末長く事業を続けていくための大切な財産となるものです。

【外国人】

厚生労働省によると、日本における外国人労働者数（2023年10月末時点）は204万8675人で、前年から22万5950人（12・4％）増加し、届出が義務化された2007年以降で過去最高となりました。外国人を雇用する事業所数は31万8775カ所で、こちらも前年比で6・7％増加し、過去最高を更新したといいます。

外国人労働者数を国籍別に見ると、ベトナムが最も多く51万8364人で、全体の4分の1を占めています。次いで、中国39万7918人、フィリピン22万6846人と続きますが、いずれも前年よりも増加しました。産業別では「製造業」（55万2399人）が最も多く、全体の27・0％を占めます。前年からの増加率が大きかったのは、「建設業」（14万4981人）で24・1％増加したそうです。

こうした傾向は、好むと好まざるとにかかわらず、今後も続いていくと思います。

人口が減り続ける日本の経済を支えるのが外国人労働者になる日は、間違いなくやってきます。中小企業も当然、無関係ではいられず、いずれ何らかの形で外国人労働者の力を借りることになるでしょう。

そんな未来に備える意味でも、ＣＳＲを入り口として外国人労働者の雇用を行うという選択があります。

外国人労働者が仲間に加わることで、Ｄ＆Ｉの大きなメリットの一つである「多様な背景や視点が得られ、新しいアイデアや解決策が生まれやすくなる」が享受できます。また、グローバルにビジネスを展開する際にも、海外進出の心強いサポート役となります。言語の壁を越え、現地の文化やビジネス習慣を理解するうえで大きな助けとなる存在です。

一方で、日本語がほとんど話せないような人だと、ほかの従業員たちとのコミュニケーションが難しく、誤解を生んだり、業務効率が下がったりする可能性もあります。雇用を考えるなら、あらかじめ外国語が堪能な従業員を雇っておくなど、受け入れ態勢をつくっておく必要があるでしょう。また外国人労働者に苦手意識をもっているような従業員もいるかもしれません。あらかじめＣＳＲの意義やＤ＆Ｉについて、しっかり社内に周知しておくことも大切です。

なお外国人労働者を雇うなら必ず行わなければならないのが、ビザや在留資格の確認です。ビザの期限が切れていたり、更新されていなかったりすると、突然働けなくなるリスクがありますから注意が必要です。

なお実際の雇用に際しては、外国人特有の事情に配慮した就労環境の整備を行い、外国人労働者の職場定着に取り組む事業主に対してその経費の一部を補助する「人材確保等支援助成金（外国人労働者就労環境整備助成コース）」など、助成金をうまく活用したいところです。

外国人労働者の雇用は、日本の中小企業がグローバル社会へと一歩踏み出す、またとない機会になるはずです。

ＣＳＲ活動を通じ、地域に欠かせない企業になる

このような世界規模の課題を見ると、やはりＣＳＲ活動は大企業しか縁のないものと思うかもしれません。

しかし実際には、中小企業のほうが取り組みやすいといわれています。

大企業であれば、ＣＳＲの取り組みを一つ始めるにしても、いくつもの会議や社内承認を経なければならないでしょうが、中小企業なら多くの場合、トップの判断ですぐに動けます。また、ＣＳＲ活動を実践したあとの軌道修正も小回りのきく中小企業のほうが行いやすく、自社の置かれた状況に応じた柔軟な取り組みができます。

一方で、資金や人材をどう用意するかについては、中小企業にとっての課題となる場合が多いですが、なにも大企業のような大規模な活動や支援を行う必要はありません。自社ができる範囲で実践すればいいのです。分からないところは自分だけで解決しようとせず、行政や実際に行っている企業にすぐに相談しましょう。

自社ならではの取り組みを考えるというのは、事業についてアイデアを練るのとほとんど一緒です。

ビジネスは、世の中に自社が求められるからこそ成立し、人々の悩みや、困ったことを、適正な価格で解消する商品やサービスがヒットしていきます。もしＣＳＲ活動のきっかけが見つからないなら、まずは周囲の人々の悩みや困ったことを出発点にするのがいいと思います。その解消のために自社でどんなことができるかを想像し、さらにはその取り組みが環境問題や人権問題など世界が抱える課題とどのようにリンクしているかを考えてＣＳＲ活動を設計するのが、最終的に、自社によし、顧客によし、社会によしという「三方よし」のＣＳＲ活動へとつながっていきます。

ただし、計画ばかりに時間を費やしては、中小企業ならではの小回りのよさが失われてしまいます。また、実際にやってみなければ分からないことが山ほどあります。だからまずは行動ありきで、とにかく一歩踏み出して社会の役に立つことを試行錯誤しながらやってみるといいと思います。

中小企業が積極的にＣＳＲ活動に取り組めば、結果として地域も元気になります。

例えばＤ＆Ｉに本気で向き合った結果、地域の雇用が創出され、志を同じくする地元企業との取引が拡大し、地域経済の活性化につながります。また地域のイベントや活動を支援することで、地域コミュニティが活性化し、地域住民同士の交流が増え、一体感が高まります。障がい者や高齢者、環境問題など地域における社会的な課題に対して積極的に取り組むことで、地域社会の生活の質が向上します。地域の特性や資源を活用したＣＳＲ活動を展開すれば、地域の魅力を引き出し、ほかの地域から観光客を呼ぶきっかけになるかもしれません。教育支援や職業訓練を提供すれば、地域の人材育成に貢献できます。

このように地域を元気にしてくれる企業は、地域住民にとっても欠かせない存在になっていき、ファンもどんどん増えていきます。それが中小企業の経済的安定につながり、中長期的な成長を遂げる原動力となるのは、想像に難くないと思います。

ＣＳＲ活動を通じ、地域に欠かせない企業になること――それこそが、中小企業が末長く発展していくための鍵なのです。

おわりに

本書の執筆は、私にとって改めてＣＳＲ活動の知識を学びなおすチャンスであったとともに、自社の活動を振り返る機会ともなりました。

個人的なルーツとしては、やはり研修医時代に大学病院の「障がい者歯科治療室」に勤め、自閉症や知的障がいのある患者さんの治療に関わったことが、社会貢献の必要性に目覚めるきっかけでした。

当時、障がい者に対する治療を提供している民間の歯科医院はほとんど存在せず、口腔内にトラブルを抱えても、ただ障がいがあるというだけで治療を受ける機会が大きく制限されていました。

私の勤務していた大学病院でも、たった15分の歯の治療のために、家族が車で何時間もかけて山を越え、県をまたいでやってくる患者さんが何人もいました。

地域に障がい者についてきちんと理解し、志をもって受け入れる歯科医師がいれば、そんなことをしなくて済むはずだ、いつか、どんな患者さんでも受け入れ、地域を支えるような歯科医院をつくってみせる――そう誓ったのが、すべての始まりでした。

その思いを実現すべく、1996年に歯科医院を開業してから、自分なりに弱い立場の人々に全力で寄り添ってきたつもりです。

現在でも取り組んでいる歯科医院の少ない、訪問歯科診療（往診）を20年以上前からやっているのも、医院に来るのが難しくなった高齢者の方々にも、最後まで寄り添いたいと考えたからです。また、精神科の病院への往診も積極的に行ってきました。「精神科の患者さんは危険」という先入観などもあってか、精神科への訪問歯科診療はほとんど行われておらず、患者さんの多くが歯の治療をほとんどしていない状態です。

誰かがやらなければならない。

困っている人がいて、自分ができることがあるのだから、行くべきだ。

ここで自分がさじをなげてしまったら、ほかに行く場所がない患者さんが大勢いる。

弱い立場にいる人々の、最後の砦とならなければならない。

――そんな思いに突き動かされて、私は診療の現場に立ち続けています。

そうして、福祉につながる活動は以前より行ってきたのですが、一方で経営と結び付けたり、中小企業の社会貢献の在り方をじっくり考えたりしたことはありませんでした。

しかしCSRという概念との出会いを通じ、医院としての活動に明確な方向性が生まれ、言語化して世に発信しやすくなったのは、大きな転機となったと感じます。

歯科業界も現在は過渡期にあり、これまで経営を支えてきた子どもの患者さんの数が大きく減ってきたことで、経営難に陥るところがたくさん出てきました。その背景には少子化に加え、口腔リテラシー（口の健康に関する知識を身につけ、予防に積極的に取り組む意識）の向上などいくつもの理由があり、今後もその流れが止まることはないでしょう。

そんななかで生き残り、歯科医院としての役目を果たし続けるには、新たな戦略や差別化が求められます。

一人の経営者として未来を考えたとき、私が導いた結論は、ＣＳＲ活動を原動力として、社会貢献によって成長していくことでした。

そんな私の思いや取り組みは、ありがたいことに地域の人々の心にも届いているようです。

私たちが医院前の小さな駐車場から始めた福祉イベントは、回を重ねるごとにいつの間にか成長し、すでに一介の歯科医院だけでは主催が難しい規模となりました。

多くの人々の助けを借りながら、２０２４年６月に第９回を開催することができ、今後も継続していく予定です。そのほかのＣＳＲ活動も、思いついて始めるだけではなく、それをみんなが当たり前の日常の一コマとして行えるようになるまで途中で投げ出すことなく浸透・継続させていくのが経営者の役割であると考えています。

私の歯科医院には、2世代、3世代にわたって通ってくれる患者さんが大勢います。最初は家族の一人が通い始め、そこから子どもたちが来て、祖父や祖母が来て、とつながっていきます。そのおかげで、大きな広告を出したり、コストをかけてＷＥＢで集客を行ったりしなくとも、患者さんは確実に増え、経営は安定した状態です。

ＣＳＲ活動を始めてから、そんな地域の患者さんたちとのつながりがより深まったのは間違いありません。一人ひとりの患者さんが長期にわたって通ってくれるのも、ＣＳＲ活動を通じてさらに強くなった絆のおかげだと感じています。

少子高齢化で数多くの業界が縮小に向かうなか、今後の中小企業の経営は、新規顧客を大量に集めるような手法よりも、一人ひとりと絆を深め、ご縁を大切にし末長く付き合っていくことが求められるようになっていきます。

そんな社会においてはＣＳＲ活動が、絆を取りもつ懸け橋になってくれるはずです。まずは勇気を出して「はじめの一歩」を踏み出しましょう。

ここまで読んでくれた読者のみなさんは、私の同志であり仲間だと思っています。私もまだまだできていないことがたくさんあります。これからもみなさんと一緒に学び、精進していきたいと思っています。

奥原利樹（おくはら　としき）

1963年長野県松本市生まれ。広島大学歯学部卒業。研修医時代、大学病院が障がい者の治療に注力し始めたことを機に、県を越えて何時間もかけて通う患者が多くいる現状を知る。数十分の治療のために多くの時間と労力を費やす患者たちを目の当たりにし、障がい者や治療が難しい患者もそれぞれの地域で安心して歯科治療を受けられる場所をつくりたいと考えるようになる。

1996年に奥原歯科医院を開設し、2005年、介護支援専門員に登録。2007年には、12台の診療台と各種設備を備えた3階建てのビルへとクリニックを移転。2021年からSDGsやCSRについての活動を始め、福祉マーケットや地域包括支援センターなどでの講演会を行うなど幅広く活躍している。

小さな会社は地域貢献で業績を伸ばす

やってみよう！　はじめてのCSR活動

2024年12月18日　第1刷発行

著　者　　奥原利樹
発行人　　久保田貴幸

発行元　　株式会社 幻冬舎メディアコンサルティング
〒151-0051　東京都渋谷区千駄ヶ谷4-9-7
電話　03-5411-6440（編集）

発売元　　株式会社 幻冬舎
〒151-0051　東京都渋谷区千駄ヶ谷4-9-7
電話　03-5411-6222（営業）

印刷・製本　中央精版印刷株式会社
装　丁　　秋庭祐貴

検印廃止

Printed in Japan
ISBN 978-4-344-94832-7 C0034
幻冬舎メディアコンサルティングＨＰ
https://www.gentosha-mc.com/